David Wohlhart – Michael Scharnreitner – Elisa Wohlhart

Mathematik für die 4. Klasse der Volksschule

Erarbeitungsteil

Inhaltsverzeichnis

PHASE 1

Wiederholung: Inhalte der 3. Klasse

Flächeninhalt, Rechteck und Quadrat

Flexibel rechnen Miniprojekt Bäume

1. **Tausend und mehr** 5
   Wiederholung: ZR 1000, Erarbeitung: ZR 10 000, Zahlenstrahl, Stellenwertsystem, Bleib in Form! Schriftliche Addition

2. **Auf den Cent genau** 12
   Wiederholung: Euro und Cent, Sachaufgaben mit Geld, schriftliche Addition und Subtraktion mit dezimalen Geldbeträgen, Runden, Überschlagsrechnung, Bleib in Form! Schriftliche Subtraktion

3. **Flächen und Pläne** 18
   Einführung Flächeninhalt, Berechnung, Flächeninhalt bei Rechteck und Quadrat, Wiederholung: Umfang Größen m^2, dm^2, cm^2 und mm^2 Bleib in Form! Schriftliche Multiplikation

4. **Ein Wald voller Rätsel** 27
   Rechenbäume, Rechenpläne, Rechnen mit Termen und Gleichungen, Diagramme, Rechenwege beschreiben Miniprojekt: Bäume rund um unsere Schule Bleib in Form! Schriftliche Division

5. **Zeig, was du kannst!** 34
   Wiederholung und Selbsttest, Kapitel 1 bis 4 und Basiskompetenzen, Knobelaufgabe

PHASE 2

Zahlenraum 1 Million

zweistellige Multiplikation

Einführung Bruchzahlen

Pläne lesen

Miniprojekt Papier

6. **Meine erste Million** 40
   Erarbeitung: ZR 100 000, Diagramme, Nachbarzahlen, Runden, symbolische Darstellung von Zahlen, Erarbeitung: ZR 1 000 000, Zahlenstrahl, Stellenwert, Bleib in Form! Kopfrechnen, Addition mit großen Zahlen

7. **Meisterhaft multipliziert** 46
   Schriftliche Multiplikation mit zweistelligem Multiplikator, Rechnen mit Überschlag, Sachaufgaben Bleib in Form! Kopfrechnen, Subtraktion mit großen Zahlen

8. **Halbe, Viertel und Achtel** 52
   Einführung Bruchzahlen: Darstellung, Benennung, Vergleich von Bruchzahlen, Rechnen mit gleichnamigen Brüchen, gemischte Zahlen, Bleib in Form! Kopfrechnen, Multiplikation mit großen Zahlen

9. **Projekt Papier** 59
   Sachaufgaben zum Thema Papier, Pläne lesen, Rechengeschichten, Diagramme, Miniprojekte: Origami-Gitter, Papierformate, Bleib in Form! Kopfrechnen, Division mit großen Zahlen

10. **Zeig, was du kannst!** 64
    Wiederholung und Selbsttest, Kapitel 6 bis 9 und Basiskompetenzen, Knobelaufgabe

Inhaltsverzeichnis

PHASE 3

zweistellige Division

Körper, Liter
Miniprojekt Getränke

Rechnen mit Brüchen

Zeitpunkt und Zeitdauer,
Rechnen mit Euro und Cent

11. **Konzentrieren beim Dividieren** — 70
    Einführung schriftliche Division mit zweistelligem Divisor, Langform der Division, Sachaufgaben
    Bleib in Form! Längenmaße

12. **Alles Ansichtssache** — 77
    Ansichten, Würfelbauten, Körperbezeichnungen, Würfel- und Quadernetze, Liter, Beschreibung von Körpern in unserer Umwelt
    Miniprojekt: Getränkeverpackungen
    Bleib in Form! Gewichtsmaße

13. **Bruchstücke** — 83
    Bruchteile von Mengen, Verwendung von Maßeinheiten mit Bruchzahlen, Sachaufgaben
    Bleib in Form! Zeitmaße

14. **Unterwegs** — 88
    Zeitpunkt und Zeitdauer, Multiplikation dezimaler Geldbeträge, Sachaufgaben
    Bleib in Form! Flächenmaße

15. **Zeig, was du kannst!** — 93
    Wiederholung und Selbsttest
    Kapitel 11 bis 14 und Basiskompetenzen
    Knobelaufgabe

PHASE 4

Flächen und Pläne

Ornamente und Symmetrie

Skizzen, Sachaufgaben Modellieren

Knobeln und Problemlösen

16. **Viel Platz für dich und mich** — 99
    Zusammengesetzte Flächen berechnen, Maßeinheiten a, ha, km², Sachaufgaben
    Bleib in Form! Schriftliche Addition und Subtraktion

17. **Ornamente** — 104
    Zeichnen mit dem Lineal, Muster beschreiben, Ornamente, Symmetrie
    Bleib in Form! Schriftliche Multiplikation

18. **Mit der Skizze zur Lösung** — 108
    Sachaufgaben lösen mit Balkenmodellen
    Bleib in Form! Schriftliche Multiplikation und Division

19. **Knobeln auf der Zielgeraden** — 112
    Numbrix-Rätsel, Würfelspiele
    Bleib in Form! Schriftliche Division

20. **Zeig, was du kannst!** — 115
    Wiederholung und Selbsttest
    Kapitel 16 bis 19 und Basiskompetenzen
    Knobelaufgabe

Mein Mathematikbuch

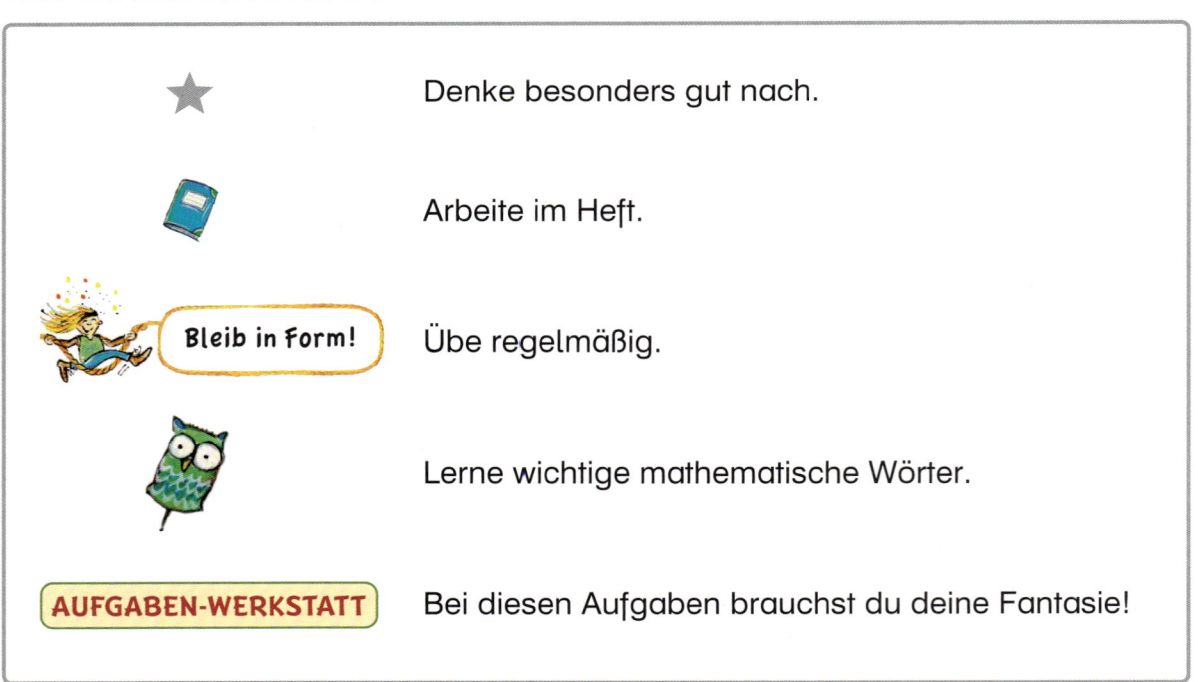

Was die Zeichen bedeuten:

★ Denke besonders gut nach.

📘 Arbeite im Heft.

Bleib in Form! Übe regelmäßig.

🦉 Lerne wichtige mathematische Wörter.

AUFGABEN-WERKSTATT Bei diesen Aufgaben brauchst du deine Fantasie!

1. Tausend und mehr

1 Cedric hat drei Pfeile. Mit dem ersten Pfeil erzielt er 100 Punkte. Welche Felder muss er mit den anderen beiden Pfeilen treffen, damit er genau 1000 Punkte erreicht?

CD 1-1

2 Vergleiche deine Ergebnisse mit den Ergebnissen eines anderen Kindes. Gibt es verschiedene Lösungen?

3 Spiel: „Zielschießen" mit Büroklammern

Jedes Kind darf drei Büroklammern werfen. Die Zahlen in den Kreisen, in denen die Spitzen der Klammern liegen, werden addiert. Wer die meisten Punkte hat, gewinnt.

a) Rechne die Punkte von Sandra und Gabriele aus.

b) Spiele selbst mit einem anderen Kind.

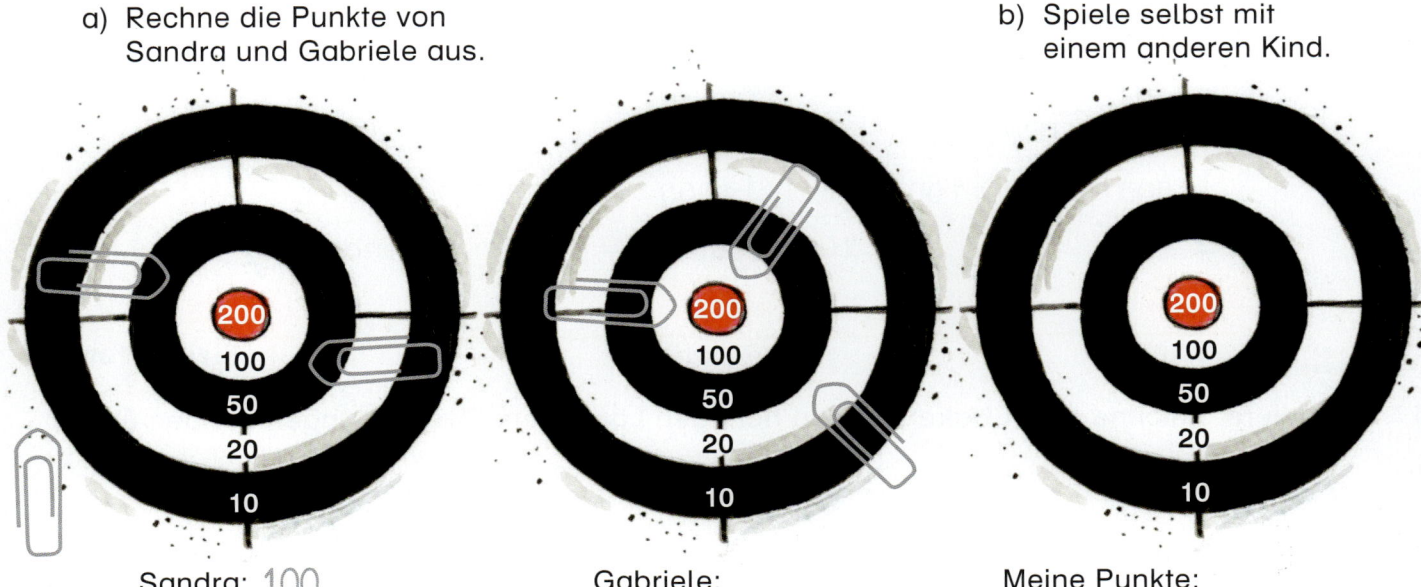

Sandra: 100   Gabriele: _____   Meine Punkte: _____

▶ Ü 5–10   Wiederholung: Zahlenraum 1000
1) Dazu gibt es eine mathematische Abenteuergeschichte.

1. Tausend und mehr

1 Ergänze die Beschriftungen.

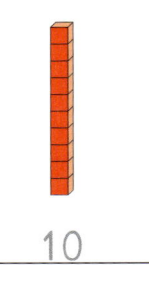 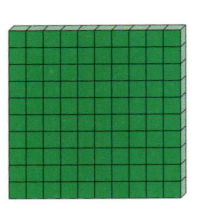 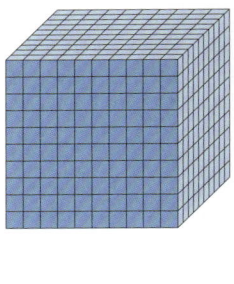

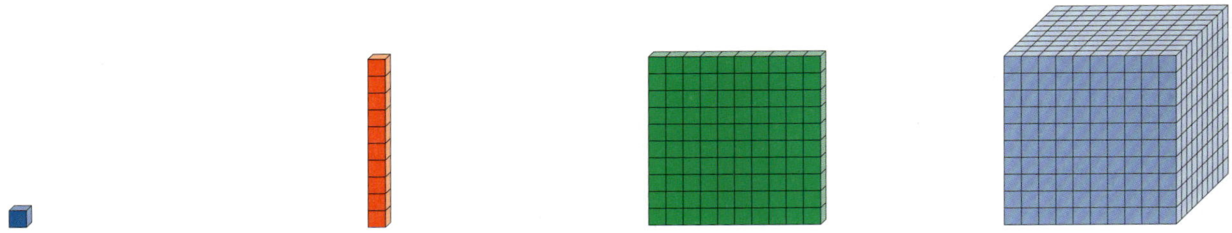

    1   10

eins

2 Welche Zahlen sind hier dargestellt?

   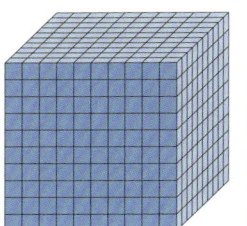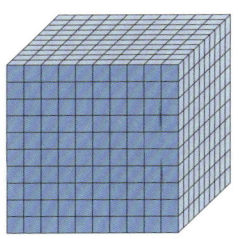

3 Zähle weiter in 100er-Schritten.

100, 200, ____, ____, ____, ____, ____, ____, ____, 1000

4 Zähle weiter in 1000er-Schritten.

1000, 2000, ____, ____, ____, ____, ____, ____, ____, 10 000

1000	1000	1000	1000	1000
1000	1000	1000	1000	1000

= 10 000

10 **T**ausender = 1 **Zeh**n**t**ausender

Bleib in Form!

5 Addiere. Zeichne einen Haken zu den richtigen Lösungen. Zwei Lösungen bleiben übrig.

  4 8 5   5 9 6   6 5 8   7 3 9   3 7 7
  3 6 3   2 7 4   1 4 7   2 0 2   4 8 9

Lösungen:
805 | 848 | 856
866 | 870 | 941
943

▶ Ü 5–10   Zahlenraum 10 000, Stellenwertsystem, Veranschaulichung mit Rechenmaterial
5) Wiederholung: schriftliche Addition

1. Tausend und mehr

1 Beschrifte den Zahlenstrahl.

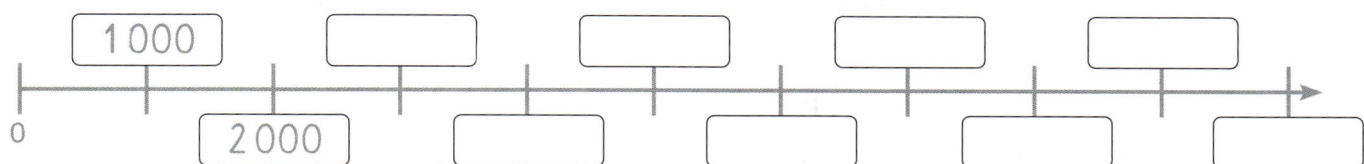

2 Welche Werte haben A, B, C und D?

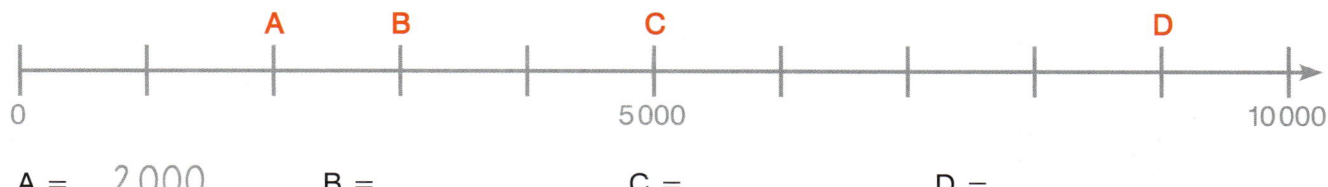

A = 2000   B = _____   C = _____   D = _____

3 Zeichne E, F, G, H, I und J in den Zahlenstrahl ein.

E = 1000,   F = 2000,   G = 4000,   H = 6000,   I = 8000,   J = 9000

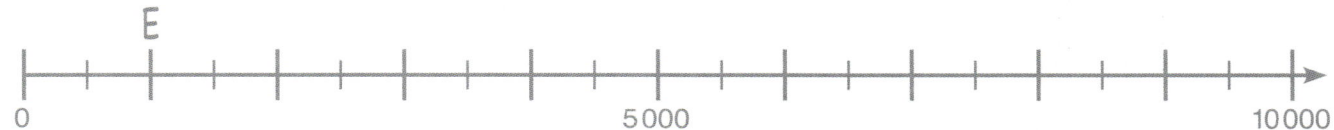

4 ★ Welche Werte haben K, L, M und N?

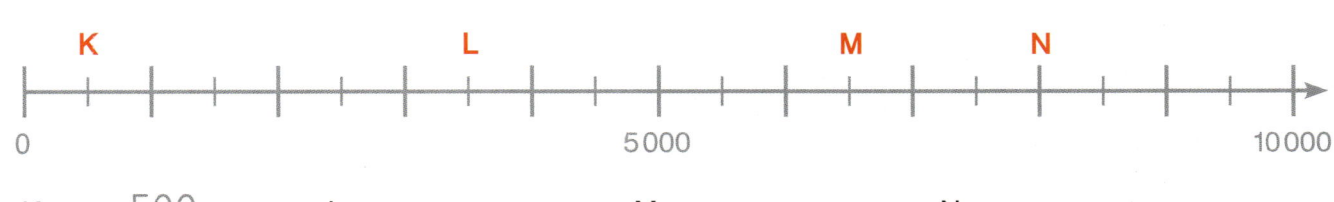

K = 500   L = _____   M = _____   N = _____

5 Welche Zahlen sind hier dargestellt?

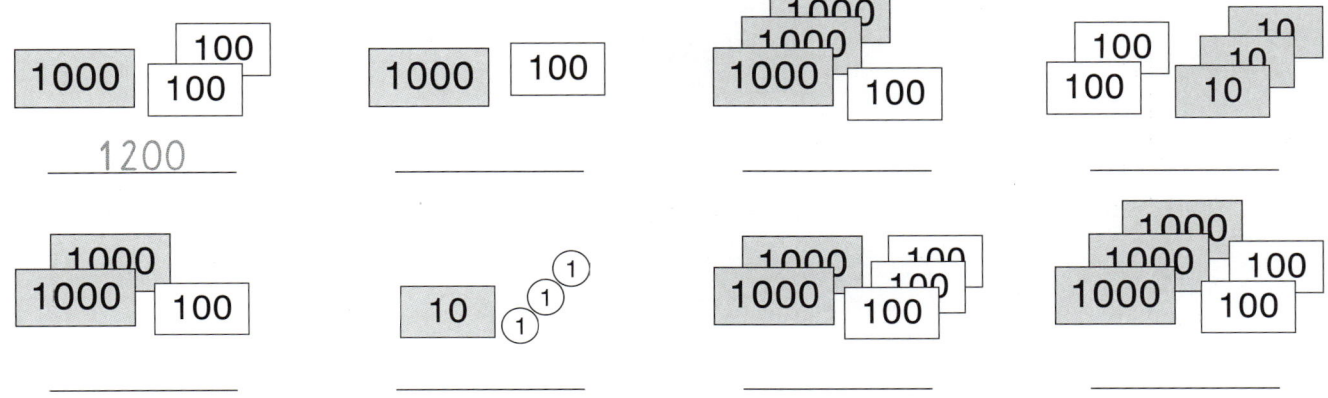

▶ Ü 5–10   Zahlenraum 10 000, Stellenwertsystem, Zahlenstrahl

1. Tausend und mehr

1 Schreibe die gesuchten Zahlen in die Kästchen.

a) 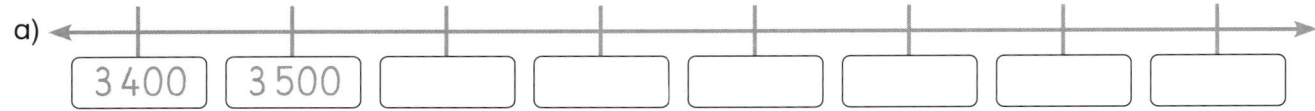 3 400 | 3 500 | | | | | |

b)  | | 6 700 | 6 800 | | | | |

c) 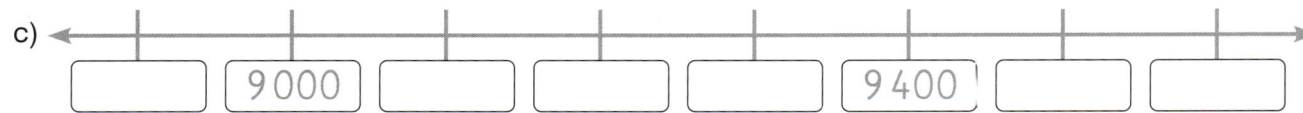 | 9 000 | | | | 9 400 | |

2 Setze <, > oder = richtig ein.

Relationszeichen

größer als   kleiner als

gleich

498 < 801	8 200 ___ 6 200	3 900 ___ 4 100
392 ___ 536	3 600 ___ 2 600	1 800 ___ 900
578 ___ 689	5 000 ___ 4 400	300 ___ 2 000
901 ___ 491	8 700 ___ 7 800	7 900 ___ 5 100
273 ___ 273	9 300 ___ 9 300	4 200 ___ 1 900
847 ___ 784	1 400 ___ 4 100	6 100 ___ 6 100

Bleib in Form!

3 Addiere.

| 287+593 | 414+389 | 678+165 | 556+379 | 269+496 |

```
  2 8 7
  5 9 3
```

| 345+348 | 337+167 | 796+201 | 385+579 | 186+532 |

Lösungen:
504 | 693
703 | 718
765 | 777
803 | 843
880 | 935
964 | 997

▶ Ü 5–10   Zahlenraum 10 000, Zahlenstrahl, Wiederholung: Relationszeichen
3) Wiederholung: schriftliche Addition

1. Tausend und mehr

1 Welche Zahlen sind hier dargestellt?

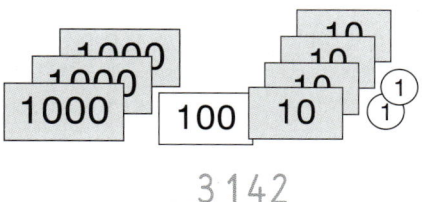 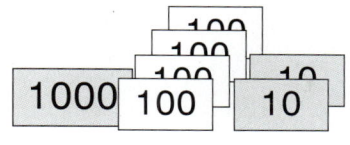 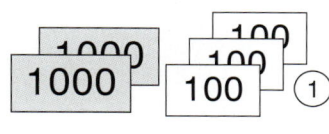

3 142 _____ _____

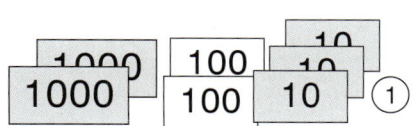 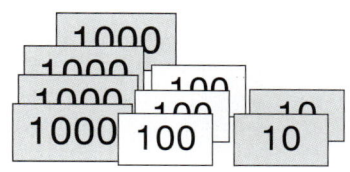

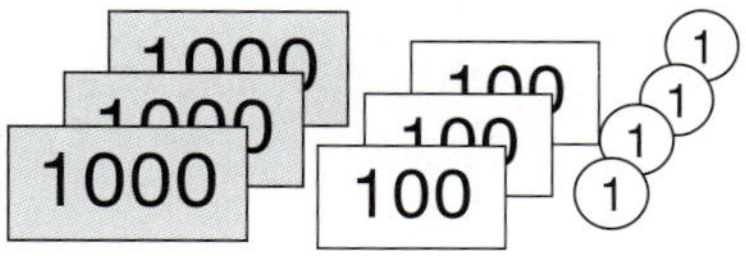

_____ _____ _____

2 Ordne die Zahlen der Größe nach. Beginne mit der kleinsten Zahl.

5 189, 2 699, 1 905, 9 000, 6 544, 2 970, 4 521

geordnet: _____

3 Ordne die Zahlen der Größe nach. Beginne mit der größten Zahl.

2 455, 1 800, 560, 9 177, 9 300, 4 264, 989

geordnet: _____

4 Du hast vier Ziffernkarten. Sie haben die Ziffern 1, 3, 4 und 7.   [1] [3] [4] [7]

a) Wie heißt die größte Zahl, die du damit bilden kannst? _____

b) Wie heißt die kleinste Zahl, die du damit bilden kannst? _____

c) Wie heißt die kleinste vierstellige Zahl, die du damit bilden kannst? _____

d) Bilde drei ungerade Zahlen. _____ , _____ , _____

e) Bilde drei gerade Zahlen. _____ , _____ , _____

5 **AUFGABEN-WERKSTATT**

Wähle vier andere Ziffern und beantworte die Fragen von Übung 4) auch für diese Ziffern.

Vergleiche deine Ergebnisse mit einem anderen Kind.
Was fällt euch auf?

▶ Ü 5–10   Zahlenraum 10 000, Stellenwertsystem

1. Tausend und mehr

1 Schreibe die Zahlen in die Stellenwerttafeln.

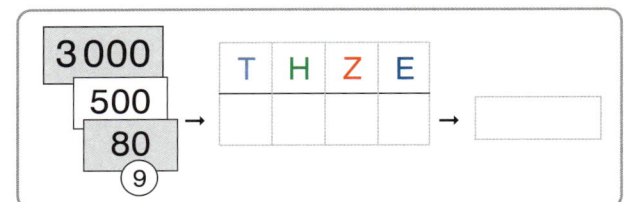
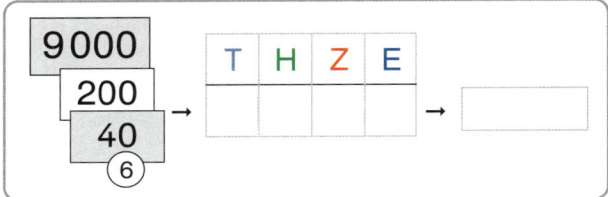

2 Schreibe die Zahlen in die Stellenwerttafeln.

	T	H	Z	E	
4E 1T 7Z 5H →	1	5	7	4	→ 1574
2Z 6E 9H →					→
6H 4T →					→
2T 5H 3E →					→
8Z 3T →					→

	T	H	Z	E	
2E 4Z 9H 2T →					→
4H 1T 8Z →					→
5E 3H 9T →					→
7Z 6E 2H 5T →					→
9E 1Z 7H 8T →					→

3 Zerlege die Zahlen.

1523 = 1T+5H+2Z+3E   6701 = _____   9570 = _____

4418 = _____   8249 = _____   3684 = _____

2305 = _____   7056 = _____   5192 = _____

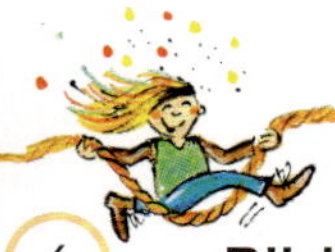

Bleib in Form!

4 Bilde zu jeder Rechnung eine Zahl aus den Ziffern 4, 1 und 5 und addiere sie zu 475.

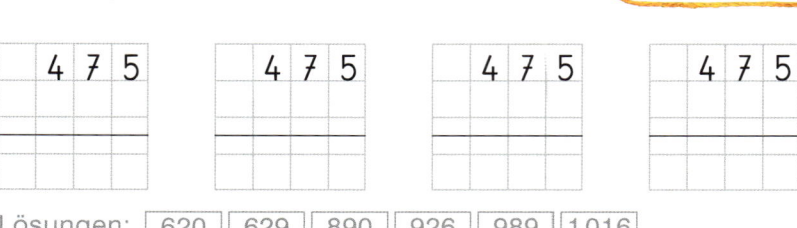

Lösungen: 620 629 890 926 989 1016

▶ Ü 5–10   Zahlenraum 10 000, Stellenwertsystem
4) Wiederholung: schriftliche Addition

1. Tausend und mehr

1 Bilde die beschriebenen Zahlenfolgen.

a) Diese Folge beginnt mit der Zahl 840. Die Zahlen werden immer um 100 größer.

   840   940   1040   _____   _____   _____   _____   _____

b) Bei dieser Folge ist jede Zahl doppelt so groß wie die Zahl vor ihr.
   Die Folge beginnt mit der Zahl 5.

   5   10   _____   _____   _____   _____   _____   _____

c) Diese Folge beginnt bei 2 005. Die Zahlen werden immer um 2 kleiner.

   _____   _____   _____   _____   _____   _____   _____   _____

d) Bei dieser Folge werden die Zahlen immer um 10 größer.
   Die letzte Zahl der Folge ist 10 000.

   _____   _____   _____   _____   _____   _____   _____   _____

2 Ergänze jeweils die letzte Zahl der Folgen.
Beschreibe die Folgen in deinem Heft.

a) 200, 210, 220, 230, _____

b) 1 503, 1 502, 1 501, 1 500, _____

c) 2 704, 3 704, 4 704, 5 704, _____

d) 8 000, 4 000, 2 000, 1 000, _____

e) 1 112, 1 312, 1 512, 1 712, _____

Praktische Begriffe:

Die Folge beginnt mit …
Die Folge endet mit …
Zahlen werden immer um … größer
Zahlen werden immer um … kleiner
in 10er-Schritten, in 100er-Schritten
doppelt so groß, halb so groß

3 Gestalte Rätselkarten.

- Schneide ein Rechteck aus und falte es wie in der Vorlage.
- Schreibe auf die Karte außen die Beschreibung einer Zahlenfolge.
- Schreibe ins Innere der Klappkarte die Lösung.
- Zeige die Beschreibung einem anderen Kind und lasse es die Zahlenfolge nennen.
- Klappe die Karte auf und zeige die Lösung.

zugeklappt:

Die Folge besteht aus 5 Zahlen.
Sie beginnt mit 87.
Die Zahlen werden immer um 2 kleiner.

aufgeklappt:

Lösung:

87   85   83   81   79

▶ Ü 5–10   Zahlenraum 10 000, Zahlenfolgen beschreiben

2. Auf den Cent genau

1 Hat der Kellner richtig gerechnet?

CD 1-2

TAGESMENÜ	7,90 €
Eiernockerl	
Apfelstrudel	
VORSPEISEN	
Suppe	3,50 €
Salat	3,90 €
HAUPTSPEISEN	
Gemüsestrudel	5,90 €
Schnitzel	9,70 €
Berner Würstel	5,80 €
NACHSPEISEN	
Apfelstrudel	3,50 €
gemischtes Eis	3,80 €
GETRÄNKE	
Apfelsaft 2,60 €	Kakao 2,70 €
Mineralwasser 1,90 €	Kaffee 2,60 €

"Ich hatte das Tagesmenü und zwei Gläser Apfelsaft."

"Das macht 10 Euro und 40 Cent."

2 Rechne aus, wie viel diese Bestellungen kosten.

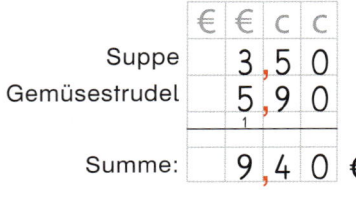

	€	€	c	c
Suppe		3	, 5	0
Gemüsestrudel		5	, 9	0
			1	
Summe:		9	, 4	0 €

	€	€	c	c
Apfelstrudel		3	, 5	0
Kakao			,	
Summe:			,	

	€	€	c	c
Schnitzel			,	
Mineralwasser			,	
Summe:			,	

	€	€	c	c
gemischtes Eis			,	
Kakao			,	
Summe:			,	

1 Euro = 100 Cent
1 € = 100 c

Das Komma trennt Euro und Cent.

2,50 €
2 Euro — 50 Cent

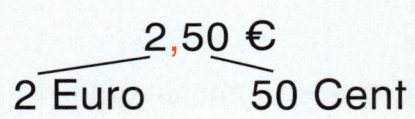
Bleib in form!

3 Subtrahiere.

```
  8 4 3      7 5 9      4 6 3      6 8 2      9 2 7      3 0 5
- 2 9 4    - 2 8 1    - 3 9 5    - 4 7 7    - 6 4 8    - 1 9 9
```

Lösungen: 68 106 112 205 279 283 478 549

Ü 11–15 Addition von Geldbeträgen in Kommaschreibweise
1) Dazu gibt es eine mathematische Abenteuergeschichte.
3) Wiederholung: schriftliche Subtraktion

2. Auf den Cent genau

Die Preise, die du für die Übungen 1) bis 4) brauchst, findest du auf der Speisekarte auf Seite 12.

1 Rechne aus, wie viel diese Gäste bezahlen müssen.

a) Frau Baric kauft ein gemischtes Eis für sich selbst und eines für ihren Sohn Benjamin.

b) Alex isst Berner Würstel und trinkt dazu zwei Gläser Apfelsaft.

c) Herr Urban isst ein Wiener Schnitzel. Er trinkt ein Mineralwasser und einen Kaffee.

2 Alessia bestellt eine Hauptspeise und ein Getränk.

a) Wie viel kostet das mindestens?

b) Wie viel kostet das höchstens?

c) Was würdest du bestellen? Rechne aus, wie viel das kosten würde.

3 Was könnten diese Leute bestellt haben? Besprich deine Vorgehensweise mit einem anderen Kind. Vergleicht eure Ergebnisse.

a) Hülya bezahlt 11,30 €.

b) Bernhards Rechnung macht 15,80 € aus.

c) Frau Irmani bezahlt weniger als 10 €.

4 **AUFGABEN-WERKSTATT**

Finde Bestellungen und Rechenaufgaben zu diesen Vorgaben.

a) Frau Grubers Bestellung kostet mehr als 15 € …

b) Deine eigene Bestellung lautet …

5 Rechne.

25,23 € + 18,29 €   324,10 € + 56,32 €

12,80 € + 37,54 €   198,39 € + 214,85 €

72,99 € + 25,36 €   17,65 € + 562,39 €

Lösungen:
| 43,52 € | 50,34 € | 55,30 € | 98,35 € | 380,42 € | 413,24 € | 450,12 € | 580,04 € |

Ü 11–15   Sachaufgaben, Addition von Geldbeträgen in Dezimalschreibweise

2. Auf den Cent genau

Runden auf ganze Euro

Von 0 bis 49 Cent runden wir ab, von 50 bis 99 Cent runden wir auf.

1 Runde auf ganze Euro.

3,57 € ≈ __4 €__   83,45 € ≈ _____   54,29 € ≈ _____

9,05 € ≈ _____   105,90 € ≈ _____   207,50 € ≈ _____

17,20 € ≈ _____   1,99 € ≈ _____   16,50 € ≈ _____

22,99 € ≈ _____   4,15 € ≈ _____   69,90 € ≈ _____

Überschlagsrechnung

Eine Überschlagsrechnung ist eine Rechnung mit gerundeten Zahlen.
Man sagt auch „überschlagen" oder „einen Überschlag machen".

2 Wie viel werden diese Bestellungen ungefähr kosten?
Rechne mit gerundeten Eurobeträgen.

a) Herr Meier bestellt einen Rostbraten um 11,80 €
und ein großes Mineralwasser um 4,17 €.

Überschlag: _12 + 4 = 16_   Antwort: _Die Bestellung wird ungefähr 16 € kosten._

b) Frau Arkan bestellt einen Salat um 6,90 €
und drei Gläser Saft um je 3,10 €.

Überschlag: _____   Antwort: _____

c) Familie Gruber bestellt drei Schnitzel um je 9,80 €,
drei Gläser Mineralwasser um je 2,10 € und einen Salat um 3,60 €.

Überschlag: _____   Antwort: _____

Bleib in form!

3 Subtrahiere.

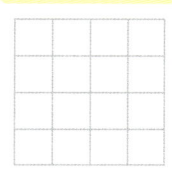 563−271    629−348   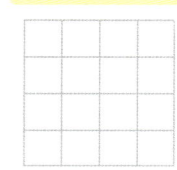 766−482   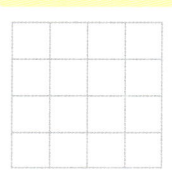 933−572    471−193

Lösungen: 278 | 281 | 284 | 284 | 292 | 361 | 365

▶ Ü 11–15   Runden von Eurobeträgen, Rechnen mit Überschlag
3) Wiederholung: schriftliche Subtraktion

2. Auf den Cent genau

1 Wie viel kostet das?
Was schätzt du?

Verwende für diese Aufgabe eine Speisekarte aus einem Gasthaus
oder die Speisekarte von Seite 12. Spreche mit einem anderen Kind darüber.

a) Ein Gast isst zu Mittag eine Hauptspeise
und bestellt dazu zwei Getränke. _____

b) Zwei Leute essen abends eine Kleinigkeit
und trinken dazu je drei Getränke. _____

c) Eine Frau lädt drei Freundinnen zu Kaffee und Kuchen ein. _____

d) Ein Mann feiert seinen 70. Geburtstag und lädt dazu vier Freunde ein.
Sie sitzen von 12 Uhr mittags bis spät abends im Gasthaus. _____

e) Eine Familie mit zwei Kindern geht zu Mittag essen. _____

2 Vergleiche deine Ergebnisse von Aufgabe 1
mit den Ergebnissen eines anderen Kindes.

Können eure Ergebnisse stimmen?
Unterscheiden sie sich sehr?
Warum habt ihr verschiedene Ergebnisse erhalten?

3 Berechne jeweils das Wechselgeld.

	Rechnung	gegebenes Geld	Wechselgeld
a)	17,50 €	ein 20-€-Schein	2,50 €
b)	12,70 €	drei 5-€-Scheine	_____
c)	79,50 €	ein 100-€-Schein	_____
d)	26,30 €	zwei 20-€-Scheine	_____
e)	5,70 €	ein 20-€-Schein	_____
f)	34,90 €	ein 50-€-Schein	_____

▶ Ü 11–15   Überschlagsrechnungen, Schätzen von Kosten

2. Auf den Cent genau

1 **AUFGABEN-WERKSTATT**

a) Schreibe eine Rechengeschichte, die zum Bild passt und löse sie.
b) Stelle deine Rechengeschichte vor.
c) Besprecht eure Lösungen.

Säfte € 1,39
Mineralwasser € 0,95
Müsli € 4,75
Riegel € 2,80
Kaffee € 4,45
3 Stk. Gebäck € 3,90
1l Milch € 1,05
Plundergebäck € 1,80
Marmelade € 2,35

Gesunde Jause:
2 Dinkelsemmeln + 1 Mineralwasser um € 3,00

Happy Hour:
ab 17:00 Uhr Gebäck zum halben Preis

Partyservice:
Kleingebäck 10er-Packung um € 5,00
(Ab 5 Packungen nur € 4,50)

Frau Zankl hat Geburtstag. Ihre Kinder gehen zum Bäcker und kaufen für das Frühstück ein …

Welche Geschichte fällt mir zum Partyservice ein?

Bei meiner Geschichte muss man nur das Wechselgeld ausrechnen.

Bleib in Form!

2 Bilde zu jeder Rechnung eine Zahl aus den Ziffern 2, 9 und 0 und subtrahiere sie von 8306.

```
  8306       8306       8306       8306
-             -          -          -
```

Lösungen: 7386 7404 8016 8097 8214 8277

▶ Ü 11–15 Eigene Aufgaben zu einer Sachsituation finden, Lösungswege erarbeiten und die Aufgaben lösen
2) Wiederholung: schriftliche Subtraktion

2. Auf den Cent genau

1 Subtrahiere die Kommabeträge.

| 15,90 € − 2,45 € | 78,23 € − 24,55 € | 60,39 € − 47,90 € | 80 € − 32,48 € |

	€	€	c	c
	1	5	9	0
−		2	4	5
	1	3	4	5

2 Rechne.

48,12 € − 15,39 €   254,70 € − 186,05 €

85,60 € − 72,10 €   672,45 € − 321,99 €

50,00 € − 7,35 €   100,00 € − 54,30 €

Lösungen:

13,50 €	32,73 €	35,70 €
42,65 €	45,70 €	68,65 €
340,13 €	350,46 €

3 Finde Fragen zu den Texten, rechne und schreibe Antworten.

a) Herr Ohlberg kauft einen Hut.
   Er bezahlt mit einem 50-€-Schein
   und bekommt 14,10 € als Wechselgeld zurück.

b) Frau Windhag kauft einen Schal um 79,85 €.
   Sie bezahlt mit einem 100-€-Schein.

c) Erika kauft Pommes um 3,90 €
   und ein Getränk um 2,40 €.
   Sie bezahlt mit einem 10-€-Schein.

d) Saha kauft eine Füllfeder um 16,95 €.
   Sie bezahlt um 4,25 € mehr als ihre Schwester Hanna.

e) Tarik hat 52,74 € in seinem Sparschwein.
   Das sind um 14 € und 30 Cent mehr als Otto hat.

f) Ein Schweinsschnitzel kostet beim Hirschenwirt 9,90 €.
   Ein Kalbsschnitzel kostet um 2,40 € mehr.

g) Familie Ronkl geht ins Kino.
   Frau Ronkl kauft vier Eintrittskarten um je 9 €
   und eine Popcorn-Box um 7,60 €.

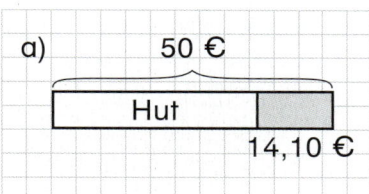

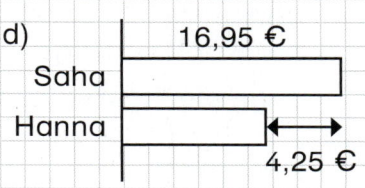

Zeichne Balkenmodelle.

4 Rechne im Heft.

Benjamin hat einen Gutschein für ein Paar Würstel und ein kleines Getränk.
Er bestellt aber ein Schnitzel um 9,90 € und ein großes Getränk,
das um 1,40 € teurer ist als ein kleines Getränk.
Benjamin bezahlt mit dem Gutschein. Er muss noch 6,40 € dazuzahlen.
Wie viel kostet ein Paar Würstel?

▶ Ü 11–15   Subtraktion von dezimalen Geldbeträgen, Sachaufgaben lösen
3) Veranschaulichung von Sachaufgaben durch Balkenmodelle

3. Flächen und Pläne

1 Hilf Aron, das Holzschild mit den Fliesen zu verstärken. Zeichne die Teile im Schild ein.

CD 1-3

Flächeninhalt: A

Der Flächeninhalt einer Figur gibt an, wie groß ihre Fläche ist.
In der Mathematik wird der Flächeninhalt mit dem Buchstaben A abgekürzt.
A kommt vom lateinischen Wort für Fläche „Area".

2 Verwende die sechs Quadratkarten aus der Kopiervorlage. Halbiere zwei davon.

Lege die Figuren nach und beantworte die Fragen.

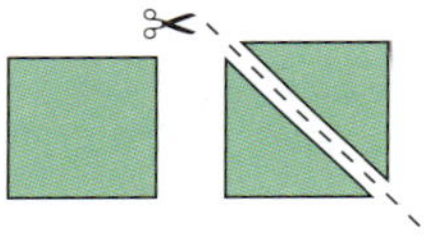

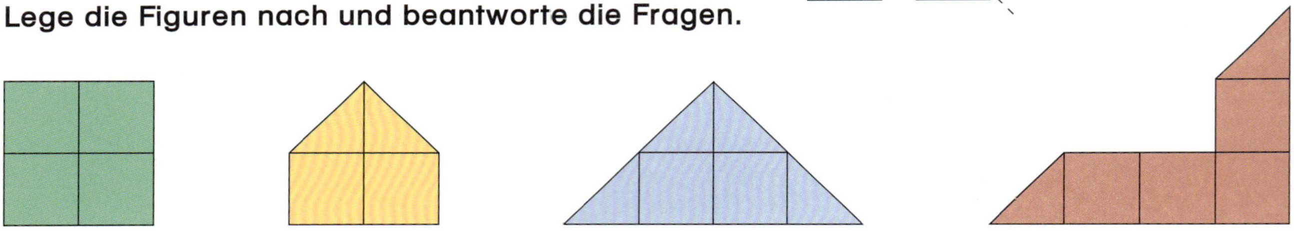

A   B   C   D

a) Welche Figur hat den kleinsten Flächeninhalt? _____

b) Findest du gleich große Figuren? Wie heißen sie? _____

Bleib in Form!

3 Multipliziere.

324 · 2   218 · 3   407 · 2   86 · 9

Lösungen: 648   654   753   774   814   824

▶ Ü 16–22   Einführung Fläche und Flächeninhalt
1) Dazu gibt es eine mathematische Abenteuergeschichte.
3) Wiederholung: schriftliche Multiplikation

3. Flächen und Pläne

1 Lege diese Figuren nach und ordne sie nach ihrem Flächeninhalt.
Beginne mit der kleinsten Fläche.

Lösung: _____

A B C

D E F

2 Lege selbst Figuren und zeichne sie in dein Heft.
Beschreibe, wie du bei der Lösung dieser Aufgaben vorgegangen bist.

a) Erfinde eine Figur, die den gleichen Flächeninhalt hat
wie Figur A von Übung 1.
Deine Figur soll jedoch eine andere Form haben.

b) Erfinde eine Figur, die den gleichen Flächeninhalt hat
wie Figur B von Übung 1.
Deine Figur soll jedoch eine andere Form haben.

c) Erfinde zwei verschiedene Figuren,
deren Flächeninhalt gleich groß ist.

3 Beantworte die Fragen zu den grünen Figuren A, B, C und D.

a) Welche Figuren haben den gleichen Flächeninhalt? _____

b) Welche Figuren haben den gleichen Umfang? _____

A B C D

▶ Ü 16–22 Flächeninhalt bestimmen
3) Wiederholung: Umfang
Begriffe: Flächeninhalt und Umfang

3. Flächen und Pläne

1 Quadratzentimeter = 1 cm²

Ein Quadratzentimeter ist der **Flächeninhalt** eines Quadrats mit 1 cm Seitenlänge.

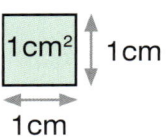

1 Bestimme bei jeder Figur den Flächeninhalt und den Umfang.
Was fällt dir auf?
Besprich deine Überlegungen mit einem anderen Kind.

A = _2 cm²_
u = _6 cm_

A = _____
u = _____

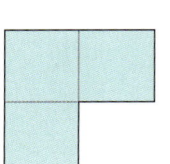

A = _____
u = _____

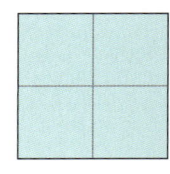

A = _____
u = _____

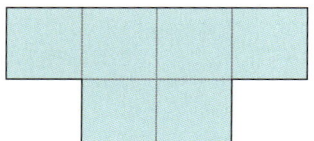

A = _____
u = _____

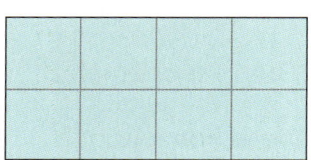

A = _____
u = _____

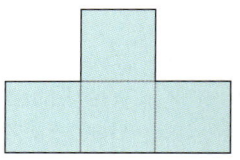

A = _____
u = _____

Bleib in Form!

2 Bilde zu jeder Rechnung eine Zahl aus den Ziffern 3, 6 und 4 und multipliziere sie mit 7.

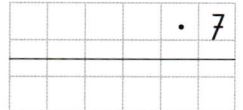 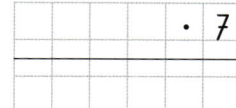 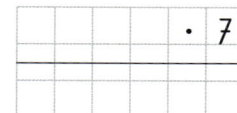 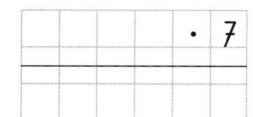

Lösungen:
2422	2548
3052	3241
4438	4501

▶ Ü 16–22 Einführung Quadratzentimeter, Bestimmung von Flächeninhalt und Umfang
2) Wiederholung: schriftliche Multiplikation

3. Flächen und Pläne

1 Bestimme die Seitenlängen und Flächeninhalte dieser Quadrate.

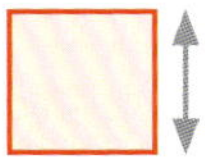

s = 1 cm
A = 1 cm²

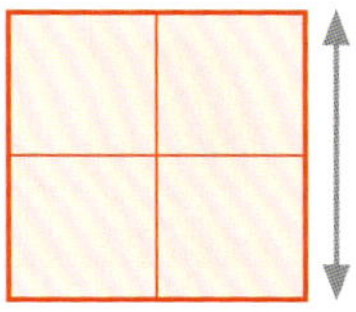

s = _____
A = _____

s = _____
A = _____

2 Karin verziert den Deckel ihrer Schmuckschachtel mit bunten Glassteinen.
Die Schachtel ist quadratisch, die Seitenlänge beträgt 6 cm.
Die Steine sind genau 1 cm² groß.

Wie viele Steine braucht Karin?

R: 6 · 6 = _____

A: _____

Wie groß ist der Flächeninhalt des Schachteldeckels?

A: _____

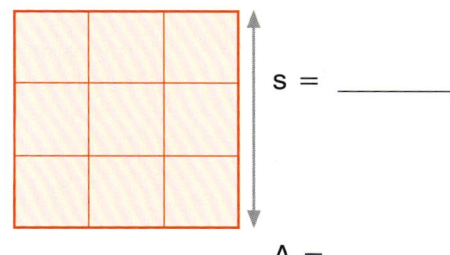

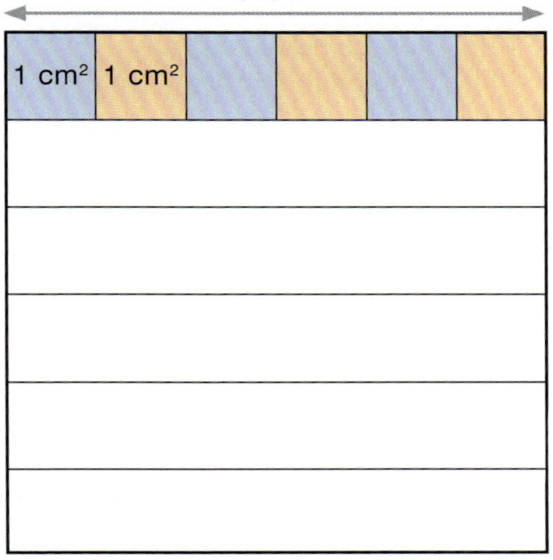

3 Bestimme den Flächeninhalt der Quadrate. Ergänze die Tabelle.

Seitenlänge	1 cm	2 cm	3 cm	4 cm	5 cm	6 cm	7 cm	8 cm	9 cm	10 cm
Flächeninhalt	1 cm²	4 cm²								
Umfang										

4 ★ Bestimme den Flächeninhalt dieser Figuren.
Es gibt mehrere Möglichkeiten. Sprecht in der Klasse darüber.

▶ Ü 16–22   Auslegen von quadratischen Flächen
4) Verwendung des Halbierens von Rechtecken für die Bestimmung von Flächeninhalten

3. Flächen und Pläne

1 Hilf Nora und Aron beim Berechnen der Flächeninhalte dieser Rechtecke.

a)

In der ersten Spalte sind 2 cm². Es sind 4 Spalten mit je 2 cm².

2 cm² · 4 = 8 cm²

A = _____

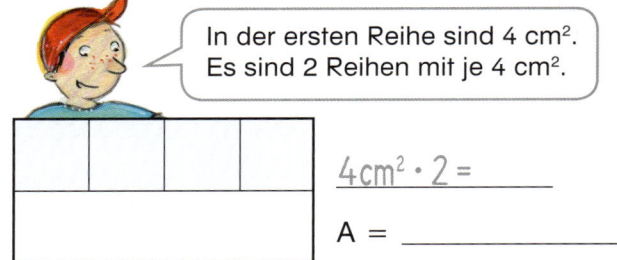

In der ersten Reihe sind 4 cm². Es sind 2 Reihen mit je 4 cm².

4 cm² · 2 = _____

A = _____

b)

In der ersten Spalte sind 4 cm². Es sind 3 Spalten mit je 4 cm².

_____

A = _____

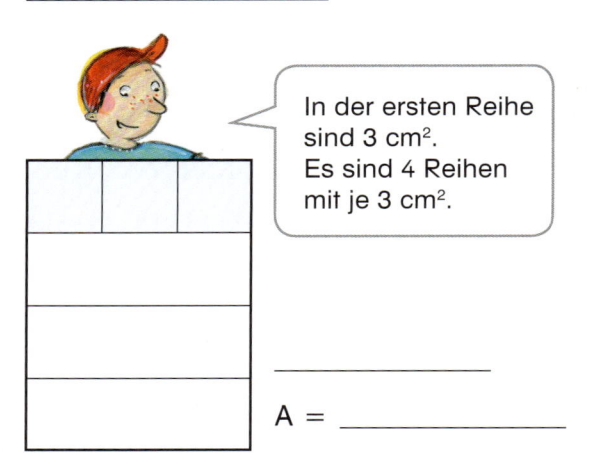

In der ersten Reihe sind 3 cm². Es sind 4 Reihen mit je 3 cm².

_____

A = _____

2 Berechne den Flächeninhalt dieses Rechtecks auf zwei verschiedene Arten. Erkläre einem anderen Kind, warum beide Rechenwege richtig sind.

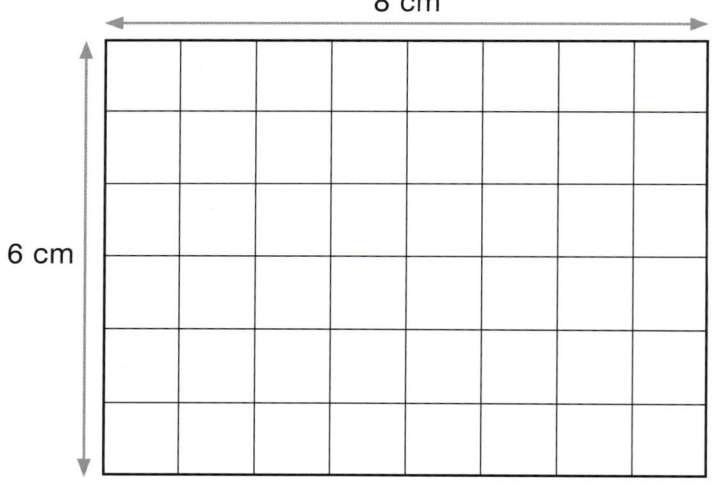

Rechenweg 1:

_____
_____

Rechenweg 2:

_____
_____

Bleib in Form!

3 Multipliziere.

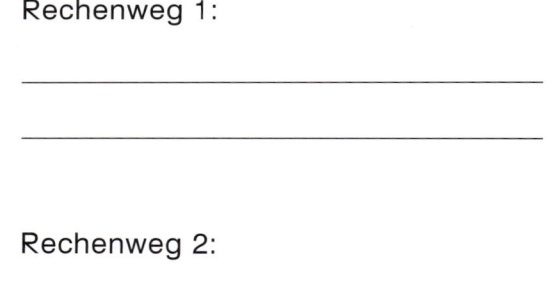

195 · 4   308 · 2   127 · 6   73 · 8

Lösungen: 584 616 630 762 780 782

▶ Ü 16–22 Flächenberechnung
3) Wiederholung: schriftliche Multiplikation

3. Flächen und Pläne

1 Quadratmillimeter = 1 mm²

Ein Quadratmillimeter ist der **Flächeninhalt** eines Quadrats mit 1 mm Seitenlänge.

1 Quadratdezimeter = 1 dm²

Ein Quadratdezimeter ist der **Flächeninhalt** eines Quadrats mit 1 dm Seitenlänge.

1 Verbinde mit einem Strich, was zusammenpasst.

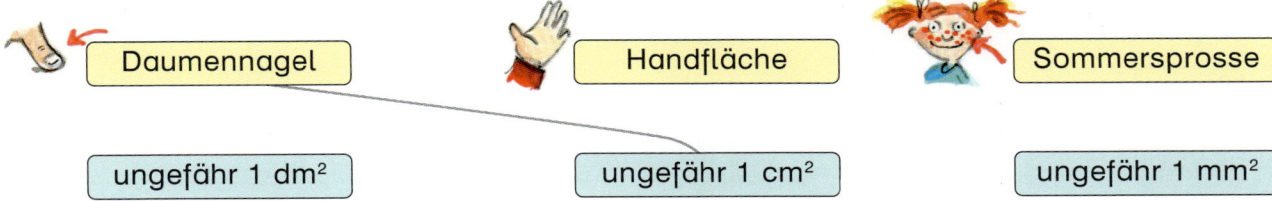

2 Finde Flächen in deiner Klasse, deren Flächeninhalte sich gut mit Handflächen oder Daumenabdrücken messen lassen. 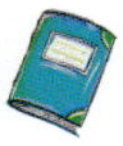
Sammle deine Ergebnisse in einer Tabelle
und vergleiche sie mit den Ergebnissen anderer Kinder.

3 Beantworte die Fragen zu den Abbildungen von mm², cm² und dm².

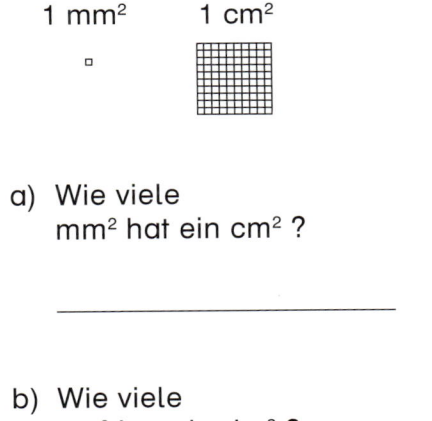

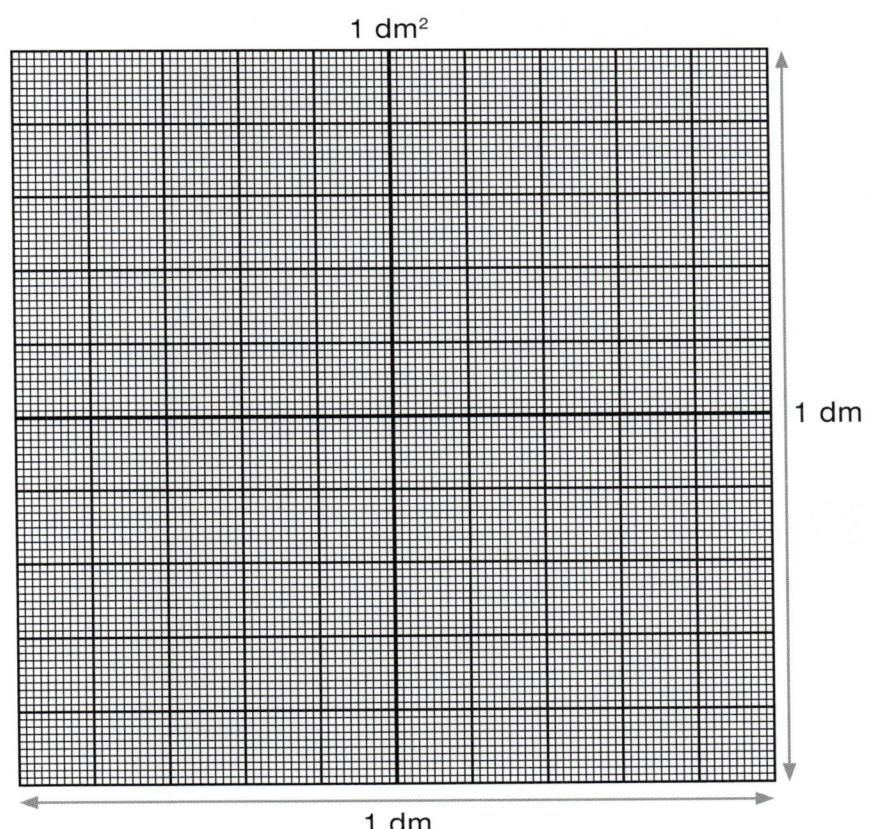

a) Wie viele mm² hat ein cm²?

_____

b) Wie viele cm² hat ein dm²?

_____

c) Besprich deine Überlegungen mit einem anderen Kind.

▶ Ü 16–22   Einführung mm² und dm², Körpermaße als Repräsentanten für diese Größen
2) handelndes Flächenmessen in der Klasse

3. Flächen und Pläne

1 Quadratmeter = 1 m²

Ein Quadratmeter ist der **Flächeninhalt** eines Quadrats mit 1 m Seitenlänge.

1 Schau die Pläne von Gregors und Adams Zimmer an.

Wie viele Quadratmeter haben die Zimmer? Vergleiche deine Lösungen mit den Lösungen anderer Kinder und beschreibe deinen Lösungsweg.

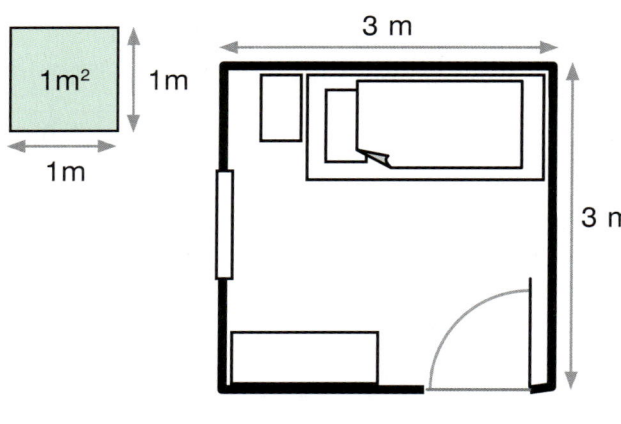

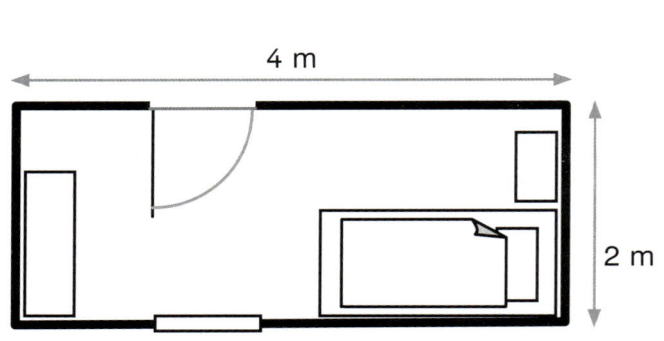

Gregors Zimmer: _____   Adams Zimmer: _____

2 Zeichne Skizzen und bestimme die Flächeninhalte.

a) Tamaras Zimmer ist vier Meter lang und drei Meter breit.

b) Elkes Zimmer ist drei Meter lang und fünf Meter breit.

c) Das Wohnzimmer in Gustavs Haus misst sechs mal fünf Meter.

d) Das Vorzimmer in Katjas Wohnung ist 7 m lang und 2 m breit.

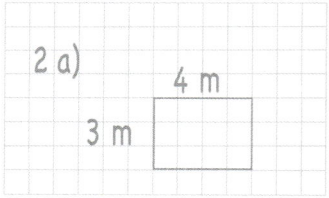

Bleib in Form!

3 Multipliziere.

154 · 6	129 · 5	481 · 2	326 · 3	241 · 4
1 5 4 · 6				

Lösungen: 645 650 924 962 964 978 980

Ü 16–22   Einführung Quadratmeter, Erarbeitung der Flächenberechnung für Rechtecke, Skizzen
3) Wiederholung: schriftliche Multiplikation

3. Flächen und Pläne

1 In der Gärtnerei Immergrün gibt es viele verschiedene Beete.
Berechne von jedem Beet den Umfang und den Flächeninhalt.

a) Das Rosenbeet ist rechteckig und misst 12 mal 7 Meter.

b) Das Beet für die Karotten ist 35 m lang und 9 m breit.

c) Die Lilien wachsen in einem quadratischen Beet
mit einer Seitenlänge von 6 Metern.

d) Das Radieschenbeet ist rechteckig.
Es ist fünf Meter breit und doppelt so lang.

e) Das Gurkenbeet misst an jeder Seite 10 Meter.

2 Die Straße auf dem Grundstück der Gärtnerei soll neu gepflastert werden.
Sie ist 6 Meter breit und 275 Meter lang.
Berechne ihren Flächeninhalt.

3 Ergänze die fehlenden Angaben
und konstruiere die Figuren mit Geodreieck in deinem Heft.

a) Quadrat   u = _____
    s = 5 cm   A = _____

⭐ d) Quadrat   u = 12 cm
    s = _____   A = _____

b) Rechteck
    l = 8 cm   u = _____
    b = 2 cm   A = _____

⭐ e) Quadrat
    s = _____   u = _____
                          A = 16 cm²

c) Rechteck
    l = 6 cm   u = _____
    b = 3 cm   A = _____

⭐ f) Rechteck
    l = 4 cm   u = _____
    b = _____   A = 24 cm²

4 Das Teppichproblem ⭐

Herr Hinkl möchte neue Teppichböden für sein Arbeitszimmer
und sein Wohnzimmer kaufen. Beide Zimmer sind rechteckig.
Das Arbeitszimmer ist 4 m lang und 3 m breit,
das Wohnzimmer ist doppelt so lang und doppelt so breit.

Herr Hinkl denkt, dass er für das Wohnzimmer doppelt so viele Quadratmeter
Teppich kaufen muss wie für das Arbeitszimmer.

Ist diese Überlegung richtig?
Zeichne eine Skizze, rechne und erkläre deine Antwort.

▶ Ü 16–22   Flächenberechnung von Rechtecken und Quadraten

3. Flächen und Pläne

1 Ergänze immer auf 1 cm².

1 cm²
70 mm² + _____
25 mm² + _____
_____ + 2 mm²
100 mm² + _____

1 cm²
_____ + 13 mm²
51 mm² + _____
_____ + 40 mm²
_____ + 94 mm²

Flächenmaße umwandeln:

1 m² = 100 dm²
1 dm² = 100 cm²
1 cm² = 100 mm²

2 Wandle um.

3 dm² = _____ cm²   200 cm² = _____ dm²   1 dm² = _____ cm²
7 dm² = _____ cm²   800 cm² = _____ dm²   27 dm² = _____ cm²
10 dm² = _____ cm²   4000 cm² = _____ dm²   13 dm² = _____ cm²

3 Alle Flächen sind in Quadratzentimetern angegeben.
Trage die Zahlen in die Tabelle ein
und wandle sie in die einzelnen Maßeinheiten um.

	m²	dm²	dm²	cm²	cm²	
2856 cm² →		2	8	5	6	→ 28 dm² 56 cm²
6371 cm² →						→ _____
402 cm² →						→ _____
10000 cm² →						→ _____
3470 cm² →						→ _____
1036 cm² →						→ _____

Bleib in form!

4 Multipliziere.

67 · 6	286 · 3	209 · 4	138 · 6	74 · 9
6 7 · 6				

Lösungen: 402 666 811 828 836 842 858

▶ Ü 16–22 Umwandeln von Flächenmaßen
4) Wiederholung: schriftliche Multiplikation

4. Ein Wald voller Rätsel

1 Im Rätselwald wachsen Rechenbäume. Ergänze die gesuchten Zahlen. Rechne immer von oben nach unten.

CD 1-4

2 Zeichne diese Rechenbäume in dein Heft und berechne die gesuchten Zahlen.

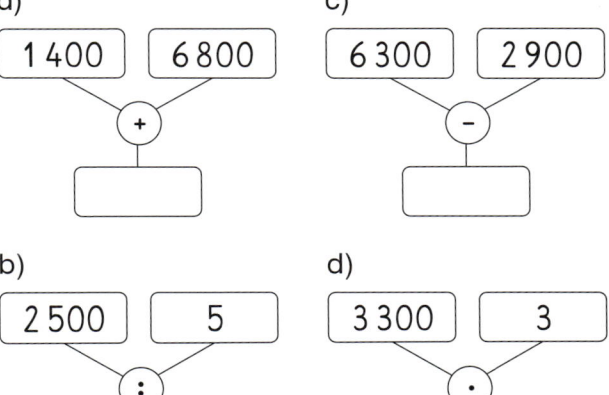

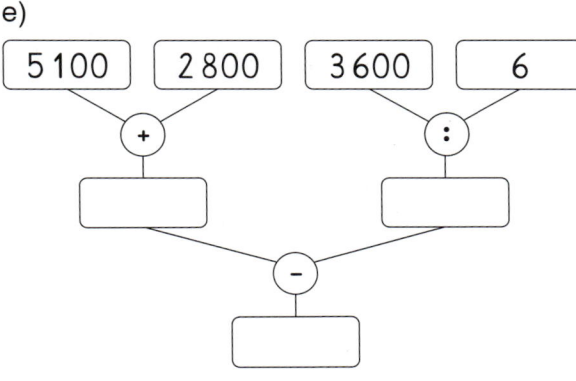

3 Ergänze die gesuchten Zahlen in den Rechenbäumen.

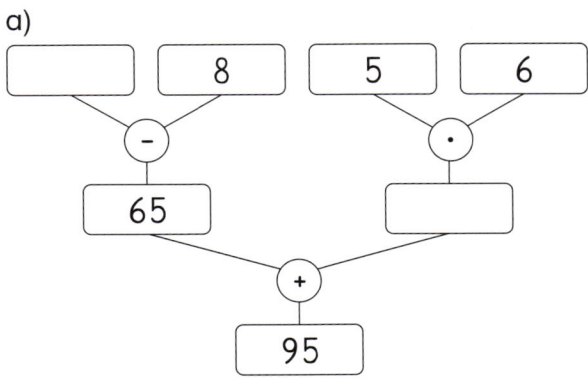

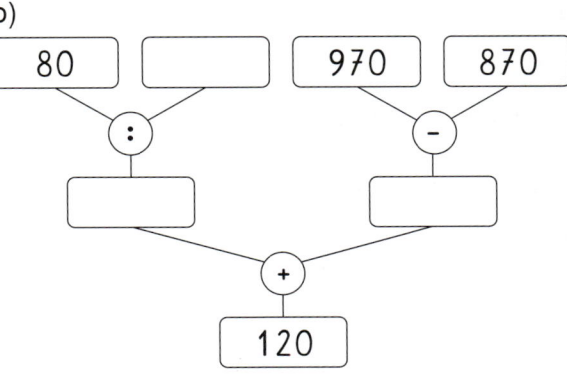

▶ Ü 23–27   Rechenbäume, Kopfrechnen
1) Dazu gibt es eine mathematische Abenteuergeschichte.

4. Ein Wald voller Rätsel

1 Setze die vorgegebenen Zahlen so in die gelben Felder der Rechenbäume ein, dass das Ergebnis im untersten Feld möglichst groß wird.
Vergleiche deine Ergebnisse mit den Ergebnissen eines anderen Kindes.
Was fällt auf?

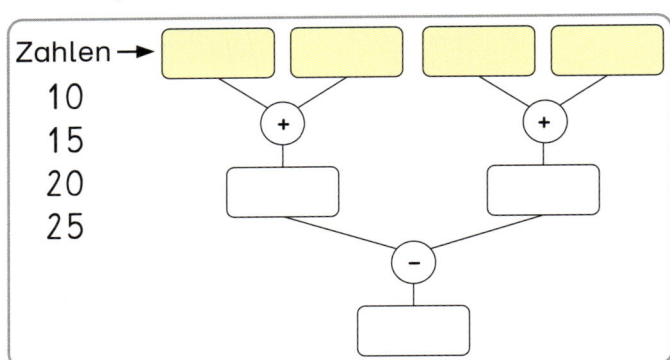
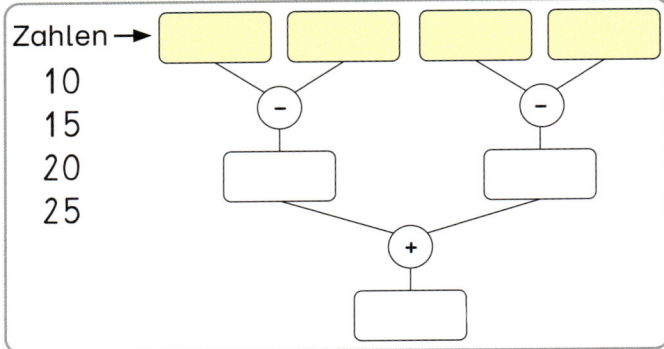
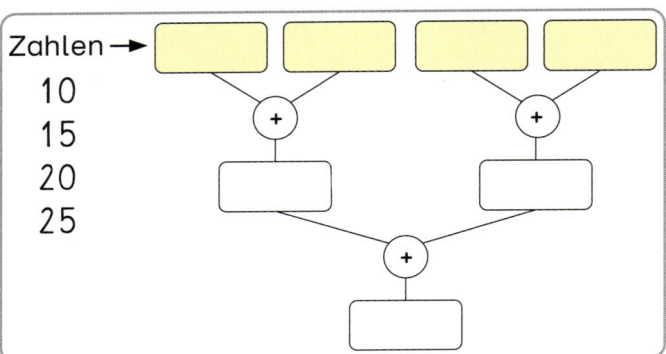
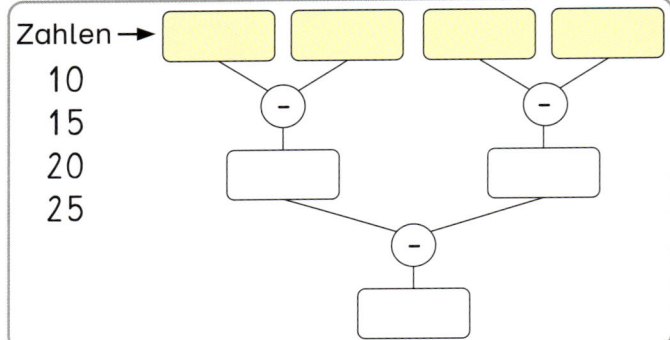

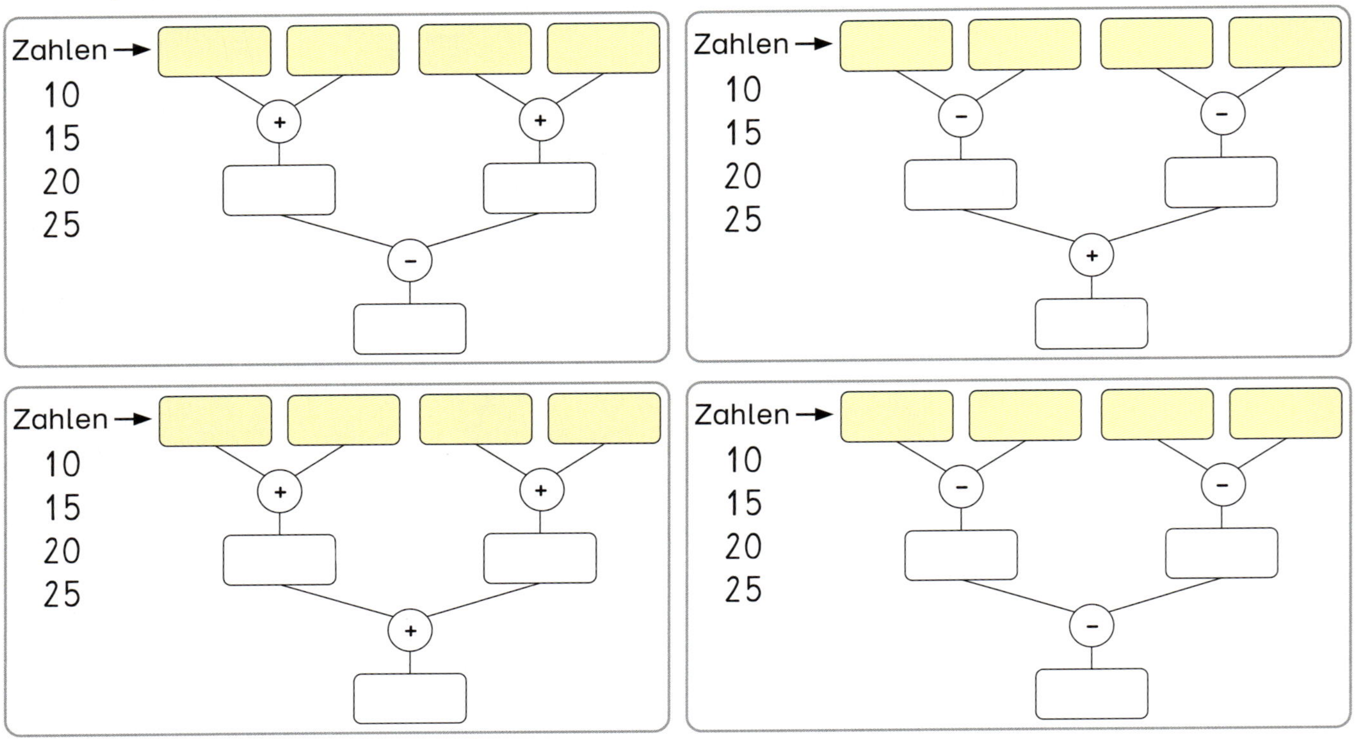

2  Erfinde zu diesen Rechenbäumen passende Rechengeschichten.
Stelle Fragen und beantworte sie.

a) 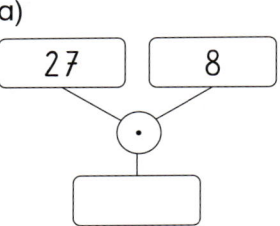 b)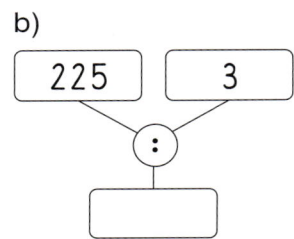

a) Egon wohnt im achten Stock. Der Lift ist kaputt. Jedes Stockwerk hat 27 Stufen.

F: Wie viele Stufen muss Egon steigen?

R: ...

Bleib in Form!

3 Dividiere.

5 2 4 : 2 =

2 8 3 5 : 3 =

9 2 5 6 : 4 =

Lösungen: | 261 R0 | 262 R0 | 945 R0 | 2 312 R0 | 2 314 R0 |

▶ Ü 23–27 Rechenbäume
1) Regen Sie Fragen an, z.B.: „Gibt es einen Baum, bei dem immer das selbe Ergebnis herauskommt?"
3) Wiederholung: schriftliche Division

4. Ein Wald voller Rätsel

1 Der alte Baum hat seine Lieblingszahl vergessen. Hilf ihm beim Rechnen.

Ich hatte eine Lieblingszahl.
Ich habe sie mal 3 gerechnet,
dann habe ich 6 abgezogen und
das Ergebnis durch 5 geteilt.
Jetzt habe ich die Zahl 3.
Doch welche war meine Lieblingszahl?

Die Lieblingszahl lautet: _____

2 Auch andere Bäume haben ihre Lieblingszahlen vergessen.
Finde diese Zahlen wieder.

„Ich habe meine Lieblingszahl verdoppelt, das Ergebnis durch 5 geteilt und dann noch 17 addiert. Jetzt habe ich die Zahl 23."

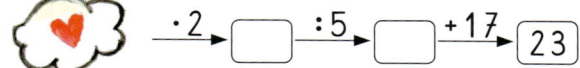

Die Lieblingszahl lautet _____ .

„Ich habe meine Zahl vor lauter Freude mit 10 multipliziert. Dann hab ich 12 abgezogen und das Ergebnis halbiert. Jetzt habe ich 14."

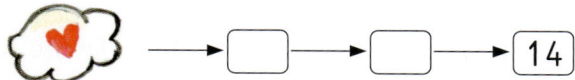

Die Lieblingszahl lautet _____ .

„Ich habe meine Lieblingszahl schon lange vergessen. Ich weiß noch, dass ich sie zuerst um 3 kleiner gemacht habe, dann wieder um 20 größer. Am Ende habe ich sie durch fünf geteilt. Jetzt habe ich die Zahl 9."

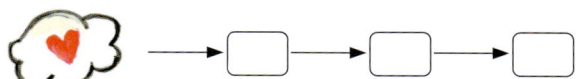

Die Lieblingszahl lautet _____ .

„Ich erinnere mich, dass ich meine Zahl zuerst mit 7 multipliziert habe, vom Ergebnis habe ich 30 abgezogen und das Ganze dann verdoppelt. Jetzt habe ich die Zahl 66."

Die Lieblingszahl lautet _____ .

3 Berechne die Geheimzahlen.
Schreibe Texte dazu: „Die Geheimzahl wurde mit 3 multipliziert und dann ..."

a) Geheimzahl →·3→ ☐ →+5→ 26

b) Geheimzahl →−10→ ☐ →:4→ 12

c) Geheimzahl →+1→ ☐ →·2→ 68

d) Geheimzahl →−7→ ☐ →−8→ 15

▸ Ü 23–27 Rechnen mit Platzhaltern, Umkehrungen bilden
3) Beschreibungen von Rechenwegen

4. Ein Wald voller Rätsel

1 Die Geheimzahl ist größer als 19 und kleiner als 25.
Löse die Aufgabe auf zwei verschiedene Arten.
Beschreibe deine Lösungswege.

Geheimzahl —+7→ ☐ —:2→ ☐ —−5→ ☐ —·3→ 27

2 Bestimme die Zahlen in den Kästchen.

a) Rechnest du die Zahl ☐ mal 4 und addierst dann 7, erhältst du 39.

b) Subtrahiere 10 von der Zahl ☐ und multipliziere das Ergebnis mit 9. Dann erhältst du 72.

3 Schreibe die richtigen Zahlen in die Kästchen.

a) 1 250 + ☐ = 1 700
    5 000 − ☐ = 3 700
    ☐ + 80 = 2 180
    ☐ : 9 = 60

b) 40 · ☐ = 120
    ☐ + 3 500 = 9 100
    ☐ : 10 = 130
    6 800 − ☐ = 4 500

4 Schreibe die richtigen Zahlen in die Kästchen.

a) 80 + ☐ = 150 − 30
    ☐ − 30 = 100 + 70
    410 − 50 = 200 + ☐
    650 + 26 = ☐ − ☐

b) 85 − 25 = ☐ · 6
    12 : ☐ = 9 : 3
    32 + 16 = 8 · ☐
    ☐ − 5 = 5 · 7

Bleib in Form!

5 Dividiere.

713 : 4   524 : 7   892 : 6

Lösungen: 74 R6   75 R1   148 R4   178 R1   179 R0

Ü 23–27   Rechnen mit Platzhaltern 1) bis 4)
1) Mögliche Lösungswege wären Probieren oder Rückwärtsrechnen
5) Wiederholung: schriftliche Division

4. Ein Wald voller Rätsel

1 Die beiden Förster wollen ein Stück eines Waldes einzäunen.
Sie streiten darüber, wie man die Länge des Zauns ausrechnet.

Beim Rechteck rechnet man zuerst mit den Längen:

100 m · 2 = 200 m

Dann rechnet man mit den Breiten:

70 m · 2 = 140 m

Am Ende kommt alles zusammen, das sind 340 m.

Kennst du dich aus?

Unsinn!
Man rechnet zu einer Länge eine Breite dazu:

100 m + 70 m = 170 m

Dann verdoppelt man das Ergebnis, weil es ja zwei Längen und zwei Breiten gibt:

170 m · 2 = 340 m

Verstehst du?

a) Erkläre, warum beide Förster zum selben Ergebnis kommen.

b) Zeichne für jeden Lösungsweg einen Rechenbaum.

Praktische Begriffe zum Beschreiben von Lösungswegen:

zuerst, dann, addieren, die Summe, subtrahieren, die Differenz, multiplizieren, dividieren, das Doppelte, das Dreifache, das Vierfache, … , das Ergebnis

2 Wie viele Meter Zaun braucht man zum Einzäunen dieser Weiden?
Rechne jedes Beispiel auf zwei verschiedene Arten.
Beschreibe deine Rechenwege.

a) rechteckige Weide:
75 m lang und 40 m breit

b) quadratische Weide:
96 m lang

c) rechteckige Weide:
210 m lang und 190 m breit

d) rechteckige Weide:
125 m lang und 82 m breit

3 Zwei rechteckige Kuhweiden sollen doppelt mit Stacheldraht eingezäunt werden.
Wie viele Meter Stacheldraht braucht man für jede Weide?
Beschreibe deinen Rechenweg.

Weide A: l = 73 m, b = 48 m
Weide B: l = 139 m, b = 104 m

4 Eine rechteckige Kuhweide soll doppelt mit Stacheldraht eingezäunt werden.
Die Weide ist 117 Meter lang und 74 Meter breit.

a) Schau die Preisliste an und rechne aus, wie viel der Stacheldraht kostet.

b) Beschreibe deinen Rechenweg.

Preisliste
Stacheldrahtrolle,   25 m: 13 €
Stacheldrahtrolle,   50 m: 24 €
Stacheldrahtrolle, 100 m: 46 €

▶ Ü 23–27   Wiederholung: Umfang von Rechteck und Quadrat, Beschreiben von Rechenwegen

4. Ein Wald voller Rätsel

Miniprojekt: Bäume rund um unsere Schule

1   Daten sammeln

Zählt und vermesst die Bäume rund um eure Schule, im Stadtpark oder bei einem Spielplatz. Messt bei jedem Baum den Umfang etwa einen Meter über dem Boden.

Tipp:
Damit kein Baum doppelt gezählt wird, solltet ihr bei jedem Baum, den ihr vermessen habt, ein kleines Stück Wolle anbinden.

Schreibt die gesammelten Daten in eine Tabelle.

Baum	Umfang
Fichte	84 cm
Rosskastanie	152 cm
Buche	41 cm
Fichte	110 cm
…	…

2   Diagramm: Baumarten

Leonardos Klasse hat die Bäume im Stadtpark vermessen. Die Ergebnisse findest du in diesem Diagramm.

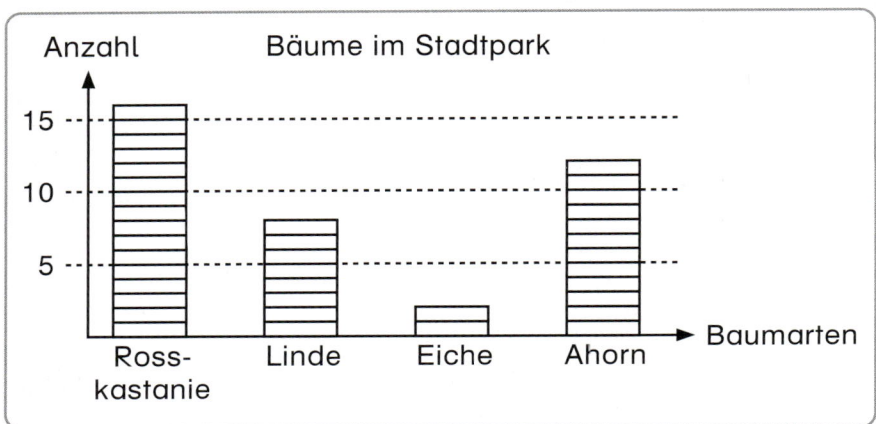

Ein **Diagramm** ist ein Schaubild, in dem Zahlen so dargestellt werden, dass man sie gut vergleichen kann.

a) Beantworte die Fragen zu Leonardos Diagramm.

   Welche Baumart kommt am häufigsten vor?
   Welche Baumart ist am seltensten zu finden?
   Was kann man noch aus dem Diagramm herauslesen?
   Sprich mit anderen Kindern darüber.

b) Erstellt gemeinsam ein Diagramm mit euren eigenen Daten von Übung 1.

c) Findet 5 Fragen zu eurem Diagramm und beantwortet sie.

▶ Ü 23–27   Mathematik in unserer Umwelt, Umfang messen, Arbeit mit Tabellen und Diagrammen

4. Ein Wald voller Rätsel

1 Berechne, wie alt die Bäume ungefähr sind.

Mit einer einfachen Formel kann man ungefähr abschätzen, wie alt ein Baum ist.
Verschiedene Baumarten wachsen verschieden schnell.
Deshalb gibt es für jede Baumart einen eigenen Faktor.

Mit diesem Faktor kann man für jeden Baum ausrechnen, wie alt er ungefähr ist:

> Alter = Umfang des Baumes in Dezimeter • Faktor

Faktor	Baumart
8	Eiche, Linde
7	Eibe, Föhre (Kiefer), Rosskastanie
6	Buche, Ahorn, Ulme, Tanne
5	Esche, Fichte, Erle, Nussbaum, Lärche
4	Edelkastanie, Zeder

Für alle anderen Baumarten kannst du als Faktor die Zahl 6 verwenden.

Leonardos Baum

Fichte (Faktor = 5)
mit 84 cm Umfang

84 cm ≈ 8 dm
8 · 5 = 40

Die Fichte ist etwa 40 Jahre alt.

a) Berechne das Alter jedes Baumes,
   dessen Umfang du gemessen hast
   und schreibe die Ergebnisse in eine Tabelle.

b) Welcher Baum wächst schneller, eine Eiche oder eine Fichte?
   Besprich deine Überlegungen mit einem anderen Kind.

2 Diagramm: Bäume und ihr Alter

Leonardos Klasse hat folgendes Diagramm erstellt:

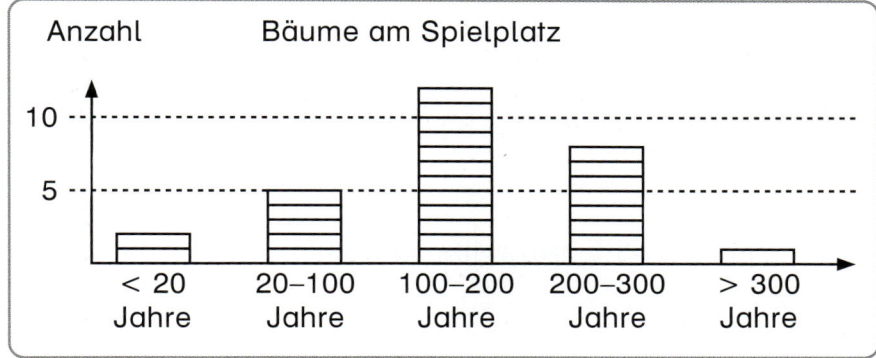

a) Was kannst du aus dem Diagramm von Leonardos Klasse herauslesen?
   Vergleiche deine Ergebnisse mit einem anderen Kind.

b) Erstellt gemeinsam ein Diagramm mit euren eigenen Daten von Übung 1.
   Überlegt, welche Alterseinteilungen bei euren Daten sinnvoll sind.

c) Findet 5 Fragen zu eurem Diagramm und beantwortet sie.

▶ Ü 23–27   Rechnen mit Formeln, Diagramme erstellen und interpretieren;
1) Hinweis: Die Formel liefert nur ungefähre Ergebnisse, weil auch Boden, Lage und Wetter das Wachstum beeinflussen. Genauer ist z.B. die Bestimmung des jährlichen Wachstumes anhand eines Bohrkerns, der mit Hilfe eines hohlen Bohrers aus dem Stamm entnommen wird.

5. Zeig, was du kannst!

Zahlen bis 10 000

1 Schreibe die richtigen Zahlen in die Kästchen.

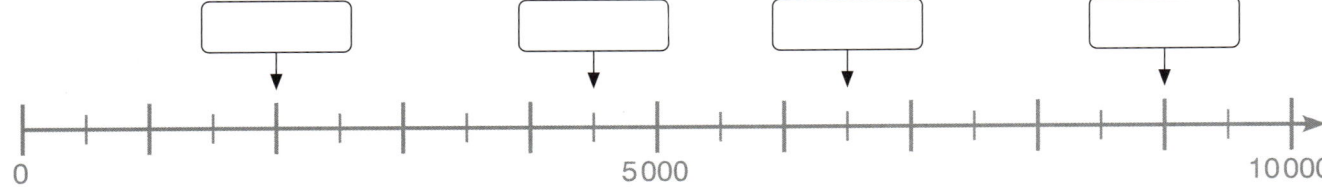

2 Schreibe die Zahlen in die Stellenwerttafeln.

T	H	Z	E

3T 6H 9Z →
4H 3Z 1E →
8T 1Z →

T	H	Z	E

7Z 1T 3H →
5E 2H 4Z →
3H 6T →

3 Bilde die beschriebene Zahlenfolge.

Die Folge beginnt mit der Zahl 510. Die Zahlen werden immer um 30 kleiner.
Die letzte Zahl der Folge ist 300.

_____

Hole dir deinen Stern! ⭐ 1

4

a) Kreuze die richtigen Zahlen an.

2T 5Z 1E	6E 7H 1T	3Z 9H 2E	5H 8E 7Z
2 015 ☐	1 607 ☐	329 ☐	578 ☐
5 021 ☐	1 706 ☐	932 ☐	587 ☐
2 051 ☐	1 067 ☐	923 ☐	758 ☐

b) Finde die gesuchten Zahlen.

- Bilde aus den Ziffern 8, 3, 5 die größte dreistellige Zahl. _____ ☐
- Bilde aus den Ziffern 4, 1, 6, 9 die kleinste vierstellige Zahl. _____ ☐
- Welche dieser Zahlen sind ungerade: 714, 209, 3 800, 6 215? _____ ☐

c) Welche dieser Zahlen kannst du statt dem Fragezeichen einsetzen? Kreise sie ein.

| 1 580 < ? | 1 590   462   7 100   29   699   ☐

→ Die Lösungen der Aufgaben und die Auswertung findest du im Lösungsheft.

▶ Ü 28–32   Wiederholung: Zahlenraum 10 000
1) Dazu gibt es eine mathematische Abenteuergeschichte.
4) Selbsttest: Die Kinder überprüfen ihre Ergebnisse anhand der Lösungen im Lösungsheft.

5. Zeig, was du kannst!

Sachaufgaben

1 Runde auf ganze Euro.

1,99 € ≈ _____   41,29 € ≈ _____   482,30 € ≈ _____

8,45 € ≈ _____   29,50 € ≈ _____   6 879,90 € ≈ _____

2 Löse die Aufgaben in deinem Heft.

a) Ida hat 3 € 75 c, Berta hat 2 € 50 c und Andrea hat 4 € 15 c.
Die Mädchen wollen sich einen Sack Glasperlen kaufen.
Er kostet 9,90 €. Haben sie genug Geld?

b) Herr Mayr kauft einen Hut um 49,90 € und einen Regenschirm um 23,50 €.
Er bezahlt mit einem 100-€-Schein. Berechne das Wechselgeld.

c) Frau Huber lädt ins Theater ein.
Sie bezahlt für sieben Kinderkarten und eine Erwachsenenkarte 137 €.
Wie viel kostet die Erwachsenenkarte, wenn eine Kinderkarte 16 € kostet?

3 **AUFGABEN-WERKSTATT**

Henriettes Einkaufsbummel

Es ist Mittwoch. Henriette braucht dringend neue Schuhe.
Sie geht in ein Schuhgeschäft und probiert rote Schuhe um 49,90 € an.
Die passen nicht sehr gut. Die blauen Schuhe um 65,30 € gefallen ihr nicht.
Sie entscheidet sich für schwarze Schuhe um 59,90 €.
Als sie bezahlen will, stellt sie fest, dass sie nur 32,15 € in der Geldbörse hat.
Schnell geht sie zum Bankomat und hebt noch 50 € ab. Jetzt kann sie die Schuhe kaufen.

a) Finde zu dieser Geschichte eine mathematische Frage.
b) Entwickle einen Plan, der dir hilft, die Aufgabe zu lösen.
c) Führe deinen Plan aus.
d) Beantworte deine Frage.
e) Überlege, ob deine Antwort stimmen kann.

Hole dir deinen Stern! ⭐ 2

4

a) Ordne die Geldbeträge nach ihrer Größe. Beginne beim größten Betrag.

3,70 € / 50 Cent / 36 € / 500 Cent / 12,99 € / 2 € 40 c

geordnet: _____ ☐

b) Rechne mit Komma.

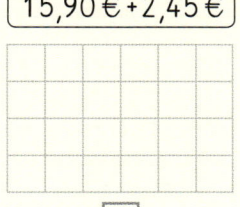
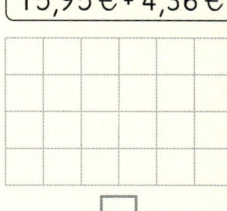
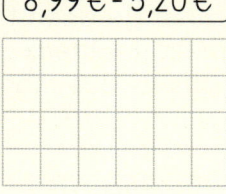
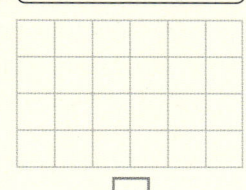

→ Die Lösungen der Aufgaben und die Auswertung findest du im Lösungsheft.

Ü 28–32   Wiederholung: Rechnen mit Euro und Cent

5. Zeig, was du kannst!

Geometrie

1 Bestimme bei jeder Figur den Flächeninhalt und den Umfang.

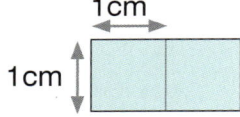  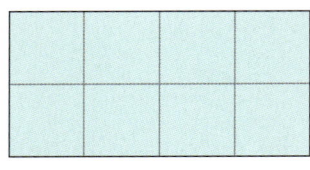

A = _____   A = _____   A = _____

u = _____   u = _____   u = _____

2 Frank schneidet aus einem 18 cm² großen Rechteck die grüne Figur aus.

a) Wie viele Quadratzentimeter hat die Figur?
_____

b) Beschreibe, wie du die Aufgabe gelöst hast.

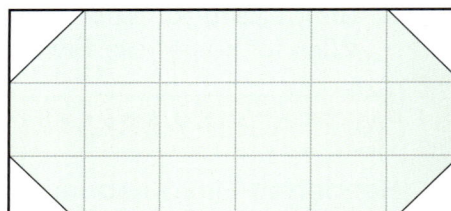

3 Wandle um.

600 cm² = _____ dm²   2 300 dm² = _____ m²   3 cm² = _____ mm²

Hole dir deinen Stern! ★ 3

4

a) Der Gang eines Hotels ist 43 m lang und 3 m breit, dort soll ein neuer Teppichboden verlegt werden. Wie viele Quadratmeter Teppichboden braucht man dazu? ☐

b) Ein quadratischer Karton hat eine Seitenlänge von 6 dm. Berechne seinen Umfang und seine Fläche. ☐

c) Beates Zimmer ist rechteckig. Es ist 4 m lang und 3 m breit. Das Zimmer ihrer Schwester Lena ist quadratisch. Wie lang ist Lenas Zimmer, wenn es um 4 m² größer ist als das Zimmer von Beate? ☐

d) Teile die Fläche mit einer geraden Linie in ein Quadrat und in ein Rechteck. Von welchem Punkt aus ist das möglich?
_____

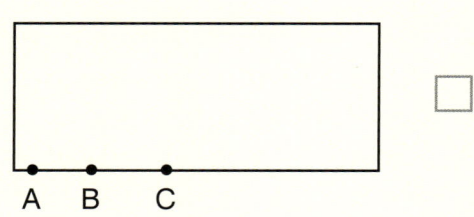

A B C

→ Die Lösungen der Aufgaben und die Auswertung findest du im Lösungsheft.

▶ Ü 28–32 Wiederholung: Flächenberechnung

5. Zeig, was du kannst!

Rechenbäume

1 Rechne.

a)
10 —·3→ ☐
80 —:2→ ☐
 (+) = ☐

b)
3700 —+1500→ ☐
5000 —−600→ ☐
 (−) = ☐

2 Tom denkt sich eine Zahl. Er verdreifacht sie und addiert zum Ergebnis noch 5. Er erhält 26. Wie lautet die Zahl? _____

3 Welche Rechenaufgabe passt zu diesem Rechenbaum?
Löse die Aufgabe und kreuze die passende Geschichte an.

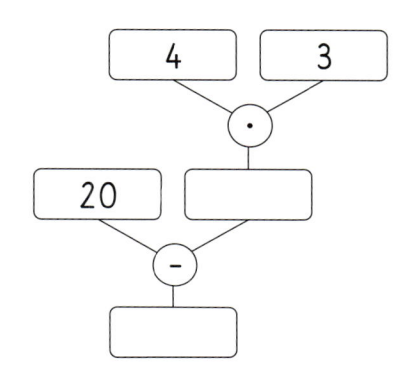

Rechenbaum: 4 3 → · ; 20 und Ergebnis → −

☐ Theo kauft 4 Krapfen, 3 Zuckerbrezeln und 20 Kipferl. Wie viel Stück sind das?

☐ Theo kauft 4 Krapfen um je 3 €. Schafft er es in 20 Minuten bis nach Hause?

☐ Theo kauft 4 Krapfen um je 3 €. Er bezahlt mit einem 20-€-Schein. Wie viel Wechselgeld bekommt er?

☐ Theo mag keine Krapfen. Wie viel Geld hat er im Sparschwein?

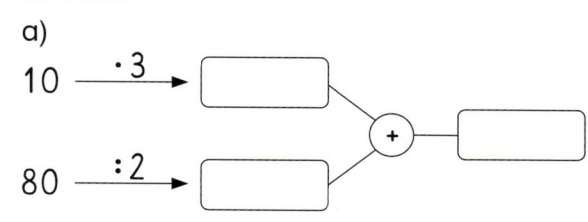

Hole dir deinen Stern! ★ 4

4

a) Schreibe die richtigen Zahlen in die Kästchen.

275 + ☐ = 281 ☐   12 · ☐ = 36 ☐   ☐ : 5 = 8 ☐

864 − ☐ = 830 ☐   ☐ + 18 = 40 ☐   75 − ☐ = 1 ☐

b) Schreibe die richtigen Zahlen in die Kästchen.

☐ —+3→ ☐ —:2→ 16 ☐   ☐ —−5→ ☐ —·4→ 32 ☐

☐ —·7→ ☐ —−15→ 34 ☐   ☐ —:9→ ☐ —+20→ 29 ☐

c) Ein Bauer spannt einen Zaun um eine rechteckige Weide. Wie viele Meter Zaun braucht er, wenn die Weide 186 m lang und 65 m breit ist? Löse die Aufgabe auf zwei verschiedene Arten.

→ Die Lösungen der Aufgaben und die Auswertung findest du im Lösungsheft.

▶ Ü 28–32   Wiederholung: Rechenbäume

5. Zeig, was du kannst!

Das kann ich schon!

1 Schreibe die Uhrzeiten auf.

04:00 Uhr
oder
16:00 Uhr

oder

oder

oder

oder

2 Beantworte die Fragen.

a) Wie viele Ecken hat ein Würfel? _____

b) Wie viele Kanten hat ein Würfel? _____

Hole dir deinen Stern! ⭐ 5

3

a) Rudi hat eine Packung mit 1 kg Mehl.
Er nimmt zuerst 30 dag heraus und dann 167 g.
Wie viel Mehl ist dann noch in der Packung? ☐

b) Ein Zug hat 6 Wagons. Jeder Wagon hat 126 Sitzplätze.
Der Zug ist bis auf 7 Plätze voll besetzt.
Wie viele Fahrgäste sind im Zug? ☐

c) Werner und seine zwei Freunde kaufen einen Sack Murmeln.
Sie teilen gerecht. Jeder bekommt 37 Murmeln, zwei bleiben übrig.
Wie viele Murmeln waren im Sack? ☐

d) Gerda hat 1 314 € auf ihrem Sparbuch und 25,30 € in ihrer Geldbörse.
Wie viel Euro haben ihre Schuhe gekostet? ☐

e) Luise und Simon teilen sich eine Packung Schokoriegel mit 12 Stück.
Wie viele Riegel bekommt Simon, wenn Luise doppelt so viele bekommt wie er? ☐

f) Schau die Strecken an und beantworte die Fragen.

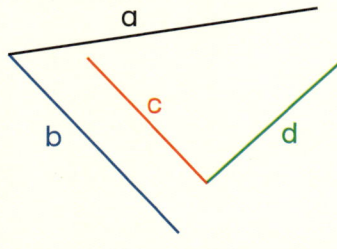

- Welche beiden Strecken bilden einen rechten Winkel? _____ ☐

- Welche beiden Strecken sind zueinander parallel? _____ ☐

→ Die Lösungen der Aufgaben und die Auswertung findest du im Lösungsheft.

▶ Ü 28–32   Wiederholung von Aufgaben der Grundstufe I und der 3. Schulstufe
Sicherung der Basiskompetenzen

Knobelaufgabe

★ Überlege, wie du die Knobelaufgabe lösen kannst.
Sprich mit anderen Kindern über deine Lösung.

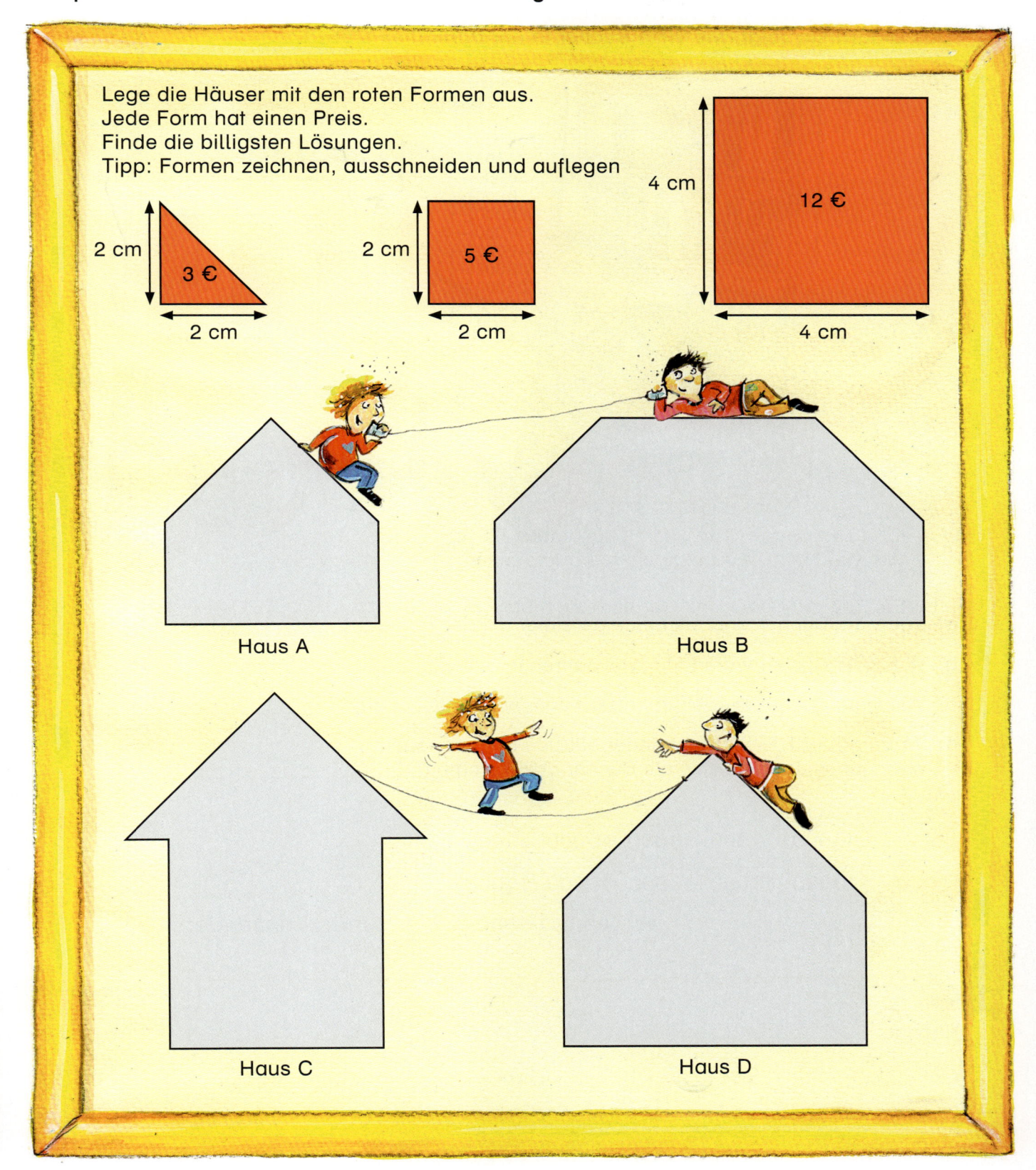

Lege die Häuser mit den roten Formen aus.
Jede Form hat einen Preis.
Finde die billigsten Lösungen.
Tipp: Formen zeichnen, ausschneiden und auflegen

- 2 cm / 2 cm — 3 €
- 2 cm / 2 cm — 5 €
- 4 cm / 4 cm — 12 €

Haus A

Haus B

Haus C

Haus D

Arbeitsform: ICH – DU – WIR
Die Kinder befassen sich erst einzeln mit der Aufgabe, bevor sie in Partnerarbeit oder Kleingruppen ihre Ideen fertig entwickeln. Am Ende werden die Ergebnisse, Beobachtungen und Lösungswege in der Klasse ausgetauscht („Strategiekonferenz").

6. Meine erste Million

1 Vor drei Jahren hatte die Bibliothek 100 000 Bücher.
Dann hat eine Überschwemmung viele der Bücher beschädigt.
Jedes Jahr werden nun Bücher gereinigt und wieder in die Bibliothek gestellt.
Das Diagramm zeigt, wie viele Bücher in der Bibliothek stehen.

CD 1-6

a) Wie viele Bücher sind bis heute gereinigt worden? _____
b) Wie viele Bücher waren vor zwei Jahren in der Bibliothek? _____
c) Wie viele Bücher wurden im letzten Jahr wieder aufgestellt? _____
d) Wann wird die Bibliothek wieder 100 000 Bücher haben,
   wenn jedes Jahr gleich viele Bücher dazukommen? _____

10 000	10 000	10 000	10 000	10 000
10 000	10 000	10 000	10 000	10 000

= 100 000

10 Zehntausender = 1 Hunderttausender

Bleib in Form!

2 Rechne.

62 + ____ = 100   96 + ____ = 100   420 + _____ = 1000   6 900 + _____ = 10 000
74 + ____ = 100   43 + ____ = 100   850 + _____ = 1000   9 800 + _____ = 10 000

Lösungen: 4   26   38   57   150   200   300   580   3100   8600

Ü 33–40   Erarbeitung ZR 100 000, Arbeit mit Diagrammen
1) Dazu gibt es eine mathematische Abenteuergeschichte.
2) Wiederholung: Kopfrechnen, additives Ergänzen

6. Meine erste Million

1 Zähle weiter in 10 000er-Schritten.

10 000, 20 000, _____, _____, _____, _____, _____, _____

2 Rechne.

20 000 + 60 000 = _____   50 000 − 40 000 = _____   20 000 · 4 = _____
40 000 + 30 000 = _____   80 000 − 20 000 = _____   10 000 · 7 = _____
90 000 + 10 000 = _____   70 000 − 50 000 = _____   30 000 · 2 = _____

3 Zähle weiter in 1000er-Schritten.

7 000	8 000	___	___	___	___	___	14 000
41 000	42 000	___	___	___	___	___	48 000
68 000	___	___	___	___	___	___	75 000
81 020	___	___	___	___	___	___	88 020

4 Schreibe die Zahlen und sprich sie richtig aus.

30 000	10 000	90 000	50 000
2 000	7 000	5 000	7 000
500	200	400	800
10	50	60	30
8	6	1	4

32 518   _____   _____   _____

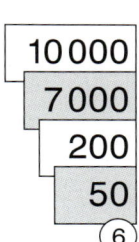

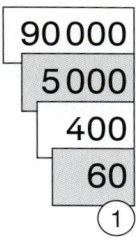

5 Ordne die Zahlen der Größe nach. Beginne mit der kleinsten Zahl.

57 254, 90 618, 8 731, 10 599, 15 754

geordnet: _____

6 Finde die gesuchten Zahlen.

Welche Zahl ist …

a) um 1 000 größer als 45 000? _____

b) um 1 000 kleiner als 20 000? _____

c) um 500 größer als 17 000? _____

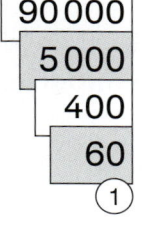

AUFGABEN-WERKSTATT

d) Erfinde selbst eine Aufgabe und löse sie. Vergleiche mit anderen Kindern.

▶ Ü 33–40   Erarbeitung Zahlenraum 100 000, Stellenwertsystem, Ordnen von Zahlen

6. Meine erste Million

1 Schreibe die Einer-, Zehner- und Hunderternachbarn in die Felder.

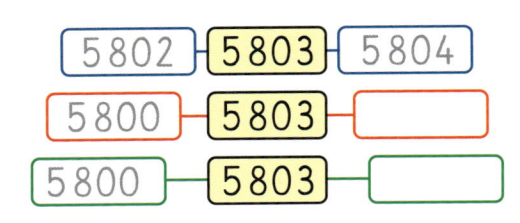

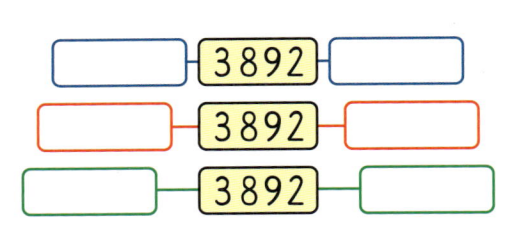

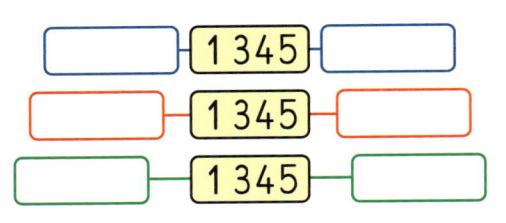

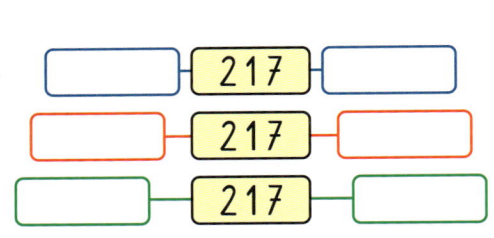

5802 – 5803 – 5804
5800 – 5803 – ____
5800 – 5803 – ____

____ – 1345 – ____
____ – 1345 – ____
____ – 1345 – ____

____ – 3892 – ____
____ – 3892 – ____
____ – 3892 – ____

____ – 217 – ____
____ – 217 – ____
____ – 217 – ____

2 Runde die Zahlen auf ganze Zehner. Achte auf die Zahl an der Einerstelle.

0 1 2 3 4 5 6 7 8 9
abrunden aufrunden

247 ≈ 250   2 572 ≈ _____   12 919 ≈ _____
359 ≈ _____   5 897 ≈ _____   27 131 ≈ _____   18 245 ≈ _____
602 ≈ _____   8 736 ≈ _____   95 442 ≈ _____   60 308 ≈ _____

3 Runde die Zahlen auf ganze Hunderter. Achte auf die Zahl an der Zehnerstelle.

2 562 ≈ _____   3 247 ≈ _____   9 394 ≈ _____   6 109 ≈ _____
5 857 ≈ _____   1 350 ≈ _____   1 750 ≈ _____   3 658 ≈ _____
8 706 ≈ _____   7 745 ≈ _____   4 266 ≈ _____   5 974 ≈ _____

Bleib in Form!

4 Löse die Rechenpakete und ergänze jeweils die letzte Rechnung.

a) 4 000 + 1 000 = _____
   4 000 +   100 = _____
   4 000 +   10 = _____
   _____

b) 2 400 + 400 = _____
   2 500 + 400 = _____
   2 600 + 400 = _____
   _____

c) 1 000 + 9 000 = _____
   2 000 + 8 000 = _____
   3 000 + 7 000 = _____
   _____

5 Beschreibe die Rechenpakete von Aufgabe 4.

Ü 33–40   Nachbarzahlen, Runden von Zahlen im ZR 100 000
4) Wiederholung: Kopfrechnen, Addition mit großen Zahlen
5) Didaktische Hinweise zur Beschreibung von Rechenpaketen

6. Meine erste Million

1 In der Tabelle findest du die Einwohnerzahlen aller Städte in Cedrics Königreich.

Stadt	Hauptstadt	Nordhall	Nost	Osthof	Südstadt	Suwen	Westend
Personen	99 956	90 017	7 253	25 413	41 680	1 216	51 864

a) Ordne die Städte nach ihrer Einwohnerzahl. Beginne mit der kleinsten Stadt.

_____

b) In wie vielen Städten leben mehr als fünfzigtausend Menschen? _____

c) In welcher Stadt leben ungefähr doppelt so viele Menschen wie in Osthof? _____

d) Runde alle Einwohnerzahlen auf ganze 1 000er.

Hauptstadt	Nordhall	Nost	Osthof	Südstadt	Suwen	Westend

e) Zeichne Personensymbole zu den Städten.
Die einzelnen Symbole stehen für eine bestimmte Anzahl von Personen.
Zeichne die richtigen Symbole zu den Städtenamen.
Verwende die gerundeten Zahlen von Übung 1d.

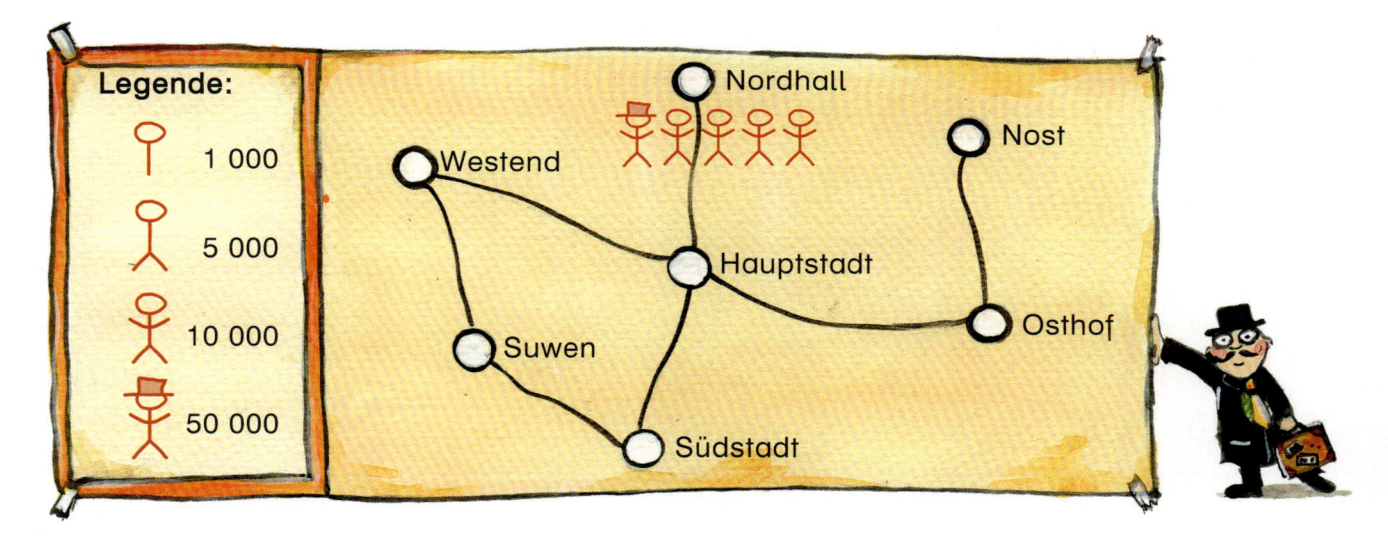

Legende:
- 1 000
- 5 000
- 10 000
- 50 000

2 **AUFGABEN-WERKSTATT**

Zeichne eine eigene Landkarte mit sieben Städten. Erfinde Namen für sie.
Schreibe eine Tabelle mit den Einwohnerzahlen dieser Städte und zeichne entsprechende Symbole in die Karte.
Vergleiche deine Karte mit der Karte eines anderen Kindes.

▶ Ü 33–40   Arbeiten mit Tabellen und Karten, symbolische Darstellung von Zahlen

6. Meine erste Million

| 100 000 | 100 000 | 100 000 | 100 000 | 100 000 | = 1 000 000 |
| 100 000 | 100 000 | 100 000 | 100 000 | 100 000 | |

10 **H**under**t**ausender = 1 Million

1 Beschrifte den Zahlenstrahl in 100 000er-Schritten.

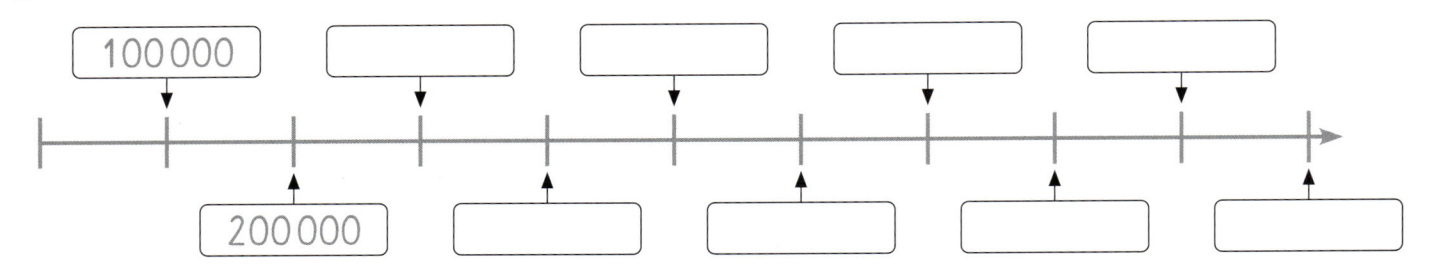

100 000 — ⬇ — ⬇ — ⬇ — ⬇ — ⬇

⬆ 200 000 — ⬆ — ⬆ — ⬆ — ⬆

2 Welche Werte haben A, B, C und D?

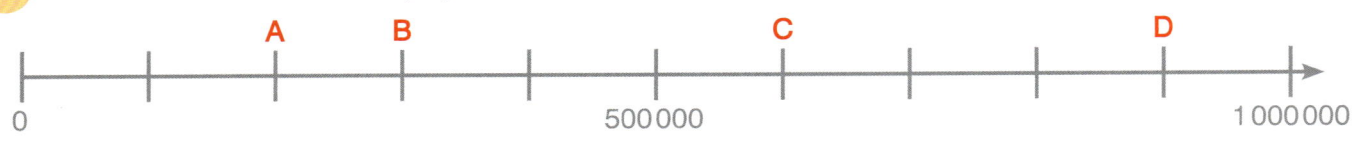

A   B   C   D
0   500 000   1 000 000

A = 200 000   B = _____   C = _____   D = _____

3 Schreibe die Buchstaben an die richtigen Stellen auf dem Zahlenstrahl.

E = 100 000, F = 400 000, G = 700 000, H = 900 000

0   500 000   1 000 000

4 Ergänze immer auf eine Million.

1 000 000
900 000 + _____
600 000 + _____
500 000 + _____

1 000 000
_____ + 200 000
400 000 + _____
_____ + 300 000

1 000 000
_____ + 100 000
_____ + 700 000
_____ + 800 000

Bleib in Form!

5 Runde auf ganze Hunderter und rechne mit den gerundeten Zahlen.

2 128 + 1 379 ≈ 2 100 + 1 400 = _____   3 950 + 4 249 ≈ _____ = _____

7 856 + 1 406 ≈ _____ = _____   1 688 + 816 ≈ _____ = _____

▶ Ü 33–40   Erarbeitung ZR 1 000 000 in 100 000er-Schritten, Zahlenstrahl, additive Zerlegung
5) Wiederholung: Kopfrechnen, Addition mit gerundeten Zahlen

6. Meine erste Million

1 Schreibe die Zahlen in die Stellenwerttafeln.

	M	HT	ZT	T	H	Z	E
300 000, 40 000, 7 000

	M	HT	ZT	T	H	Z	E
200 000, 80 000, 5 000

	M	HT	ZT	T	H	Z	E
600 000, 3 000

	M	HT	ZT	T	H	Z	E
800 000, 90 000

2 Schreibe den Wert der einzelnen Ziffern in die Felder darunter.

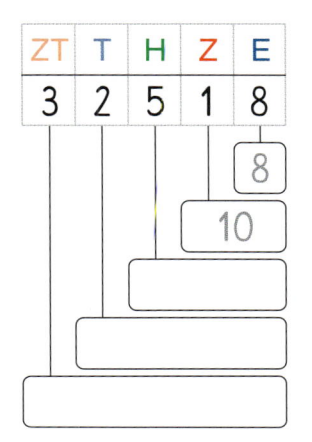

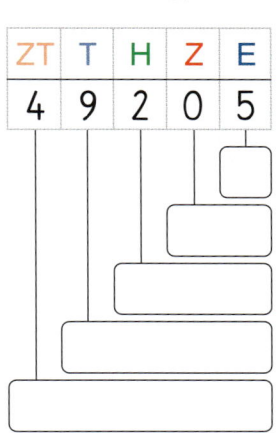

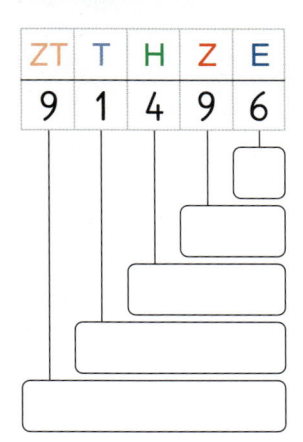

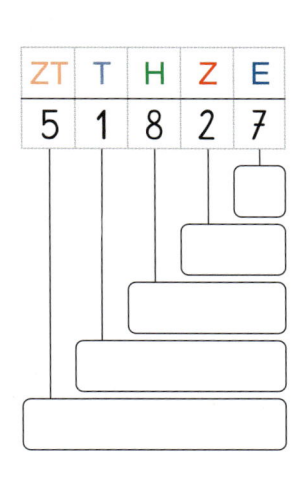

ZT	T	H	Z	E
3	2	5	1	8

8
10

ZT	T	H	Z	E
4	9	2	0	5

ZT	T	H	Z	E
9	1	4	9	6

ZT	T	H	Z	E
5	1	8	2	7

3 Beantworte die Fragen.

a) Welchen Wert hat die Ziffer 7 in der Zahl 27 566? _____

b) Welchen Wert hat die Ziffer 3 in der Zahl 9 315? _____

c) Welchen Wert hat die Ziffer 9 in der Zahl 77 591? _____

4 Schreibe drei verschiedene Zahlen auf, in denen die Ziffer 8 genau einmal vorkommt und den Wert 80 hat.

_____   _____   _____

5 Ergänze die gesuchten Zahlen in den Zahlenfolgen.

a) 3 211 — 3 311 — ____ — ____ — 3 611

b) 68 451 — 68 441 — 68 431 — ____ — ____

c) 110 000 — 90 000 — ____ — ____ — 30 000

AUFGABEN-WERKSTATT   Erfinde selbst eine Zahlenfolge.

d) ____ — ____ — ____ — ____ — ____

▶ Ü 33–40   Erarbeitung ZR 1 000 000, Stellenwertsystem

7. Meisterhaft multipliziert

1 Die beiden Trolle Frenn und Bolle streiten.
Wer von ihnen bekommt mehr Taschengeld?

Ich bekomme jede Woche 6 Kupferlinge.

Ich bekomme jeden Monat 27 Kupferlinge.

Ein Jahr hat 365 Tage …

a) Finde heraus, welcher der beiden Trolle in einem Jahr mehr Kupferlinge bekommt.
b) Besprich deine Ergebnisse und deinen Lösungsweg mit einem anderen Kind.

2 Rechne.

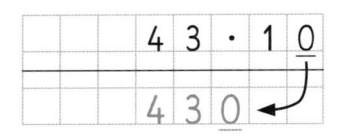

43 · 10 = 430

127 · 10

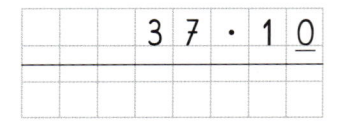

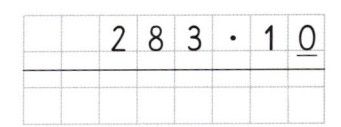

Wenn eine Zahl mit 10 multipliziert wird, dann werden die **Einer** zu **Zehnern**, die **Zehner** zu **Hundertern** und die **Hunderter** zu **Tausendern**.

314 · 10   37 · 10   164 · 10   283 · 10

Bleib in Form!

3 Löse die Rechenpakete und ergänze jeweils die letzte Rechnung.

a) 2 000 − 800 = _____
   2 000 − 900 = _____
   2 000 − 1 000 = _____
   _____

b) 5 000 − 2 500 = _____
   5 000 − 2 700 = _____
   5 000 − 2 900 = _____
   _____

c) 10 000 − 1 200 = _____
   10 000 − 2 200 = _____
   10 000 − 3 200 = _____
   _____

4 Beschreibe die Rechenpakete von Aufgabe 3.

▶ Ü 41–46   Einführung der zweistelligen Multiplikation
            1) Dazu gibt es eine mathematische Abenteuergeschichte.
            Knobelaufgabe: Die Kinder sollen selbst Lösungsmöglichkeiten finden.
            3) Wiederholung: Kopfrechnen, Subtraktion im ZR 10 000

7. Meisterhaft multipliziert

1 Löse die Multiplikationen in drei Schritten.

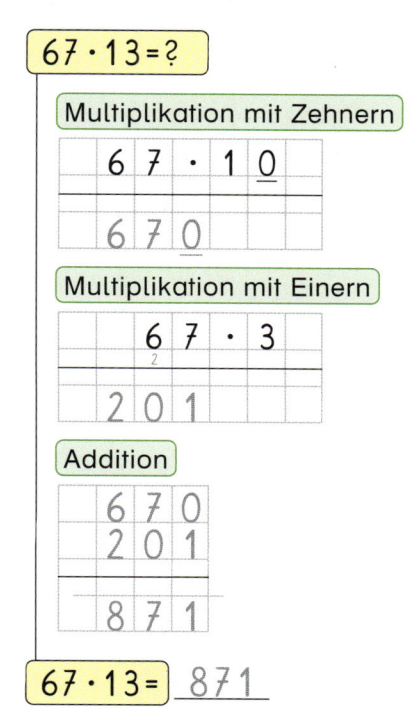

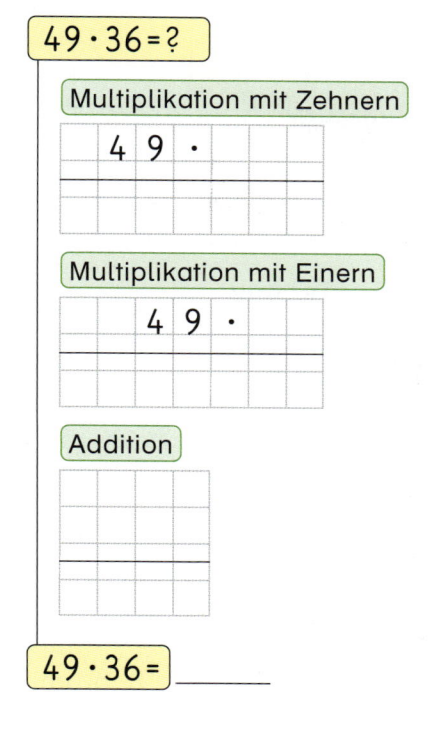

67 · 13 = ?

Multiplikation mit Zehnern
```
 6 7 · 1 0
 ─────────
 6 7 0
```

Multiplikation mit Einern
```
 6 7 · 3
  2
 ─────────
 2 0 1
```

Addition
```
 6 7 0
 2 0 1
 ─────
 8 7 1
```

67 · 13 = __871__

83 · 24 = ?

Multiplikation mit Zehnern
```
 8 3 · 2 0
```

Multiplikation mit Einern
```
 8 3 ·
```

Addition

83 · 24 = _____

49 · 36 = ?

Multiplikation mit Zehnern
```
 4 9 ·
```

Multiplikation mit Einern
```
 4 9 ·
```

Addition

49 · 36 = _____

Schriftliche Multiplikation

Die beiden Zahlen, die multipliziert werden, nennt man **Faktoren**.
Das Ergebnis der Multiplikation heißt **Produkt**.

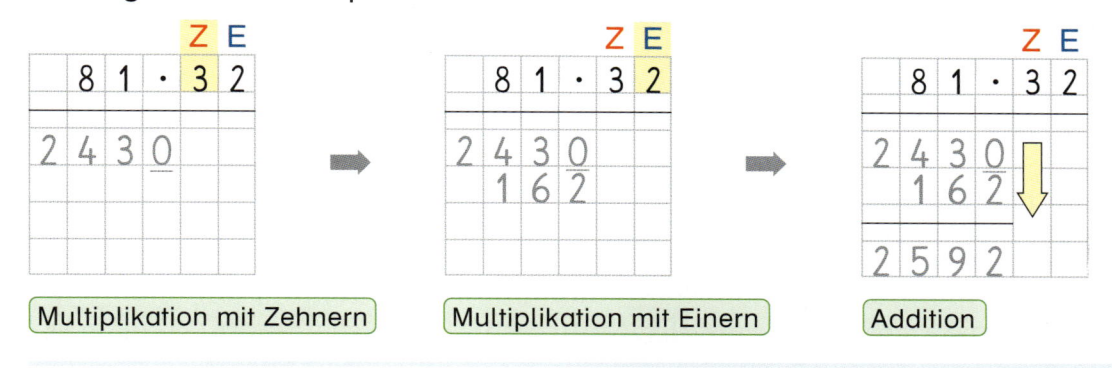

```
   Z E
 8 1 · 3 2
 ─────────
 2 4 3 0
```
Multiplikation mit Zehnern

⇒

```
   Z E
 8 1 · 3 2
 ─────────
 2 4 3 0
   1 6 2
```
Multiplikation mit Einern

⇒

```
   Z E
 8 1 · 3 2
 ─────────
 2 4 3 0
   1 6 2
 ─────────
 2 5 9 2
```
Addition

2 Multipliziere.

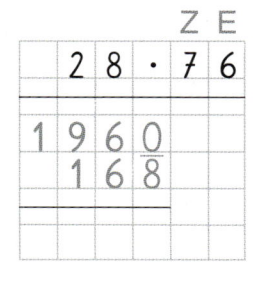

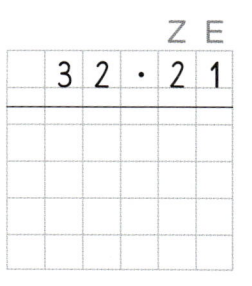

```
   Z E
 2 8 · 7 6
 ─────────
 1 9 6 0
   1 6 8
```

```
   Z E
 3 2 · 2 1
```

```
   Z E
 5 7 · 4 3
```

```
   Z E
 8 6 · 3 2
```

Lösungen: 672   1912   2128   2451   2538   2752

▶ Ü 41–46   Einführung: schriftliche Multiplikation mit zweistelligem Multiplikator

7. Meisterhaft multipliziert

Schreibe entweder eine Null an, oder verschiebe die Zahl um eins nach rechts.

	Z	E	
8	1	· 3	2
2	4	3	0
	1	6	2
2	5	9	2

=

	Z	E	
8	1	· 3	2
2	4	3	
	1	6	2
2	5	9	2

1 Rechne.

a) 43 · 27   b) 72 · 89   c) 65 · 17   d) 219 · 53   e) 530 · 31
   29 · 14   66 · 17   28 · 34   804 · 26   141 · 77
   95 · 46   59 · 32   73 · 48   793 · 84   672 · 29

2 Vergleiche das Einkommen der Trolle.
Wer bekommt mehr pro Jahr und um wie viel?
Rechne mit 52 Wochen oder 12 Monaten.

a) Die Trolle Schrumm und Kromp arbeiten in der Bäckerei.
   Schrumm bekommt pro Woche 9 Kupferlinge,
   Kromp erhält pro Monat 32 Kupferlinge.

b) Zup und Tonk schaufeln Kohle.
   Zup bekommt pro Monat 45 Kupferlinge,
   Tonk bekommt 14 Kupferlinge pro Woche.

c) Hink und Hank fällen Bäume.
   Hink bekommt pro Monat 23 Kupferlinge,
   Hank bekommt 7 Kupferlinge pro Woche.

d) Gerg und Görg bauen Schiffe.
   Gerg bekommt jeden Monat 895 Kupferlinge,
   Görg bekommt 207 Kupferlinge pro Woche.

Bleib in Form!

3 Rechne.

a) 8 000 − 2 = _____   b) 4 000 − 650 = _____   c) 9 300 − 1 200 = _____
   5 000 − 40 = _____   7 000 − 99 = _____   2 800 − 500 = _____
   10 500 − 5 100 = _____   6 800 − 900 = _____   4 700 − 2 300 = _____
   3 700 − 3 700 = _____   10 000 − 270 = _____   7 000 − 50 = _____

Lösungen: | 0 | 2 300 | 2 400 | 3 350 | 4 830 | 4 960 | 5 400 |
          | 5 900 | 6 901 | 6 930 | 6 950 | 7 998 | 8 100 | 9 730 |

Ü 41–46   Einführung: Multiplikation mit zweistelligem Multiplikator, Sachaufgaben
3) Wiederholung: Kopfrechnen, Subtraktion im ZR 10 000

7. Meisterhaft multipliziert

1 Überschlage die Rechnungen und kreuze bei jeder Aufgabe die Lösung an.

382 · 2 = ?		87 · 6 = ?
☐ 600 ☒ 800 ☐ 8 000	400 · 2	☐ 54 ☐ 360 ☐ 540

576 · 4 = ?		971 · 3 = ?
☐ 2 400 ☐ 5 000 ☐ 20 000		☐ 1 200 ☐ 3 000 ☐ 5 000

2 Überschlage die Rechnungen und kreuze bei jeder Aufgabe die Lösung an.

338 · 21 = ?		625 · 32 = ?
☐ 600 ☐ 3 000 ☒ 6 000	300 · 20 = 6 000 3 Nullen 3 Nullen	☐ 18 000 ☐ 1 800 ☐ 54 000

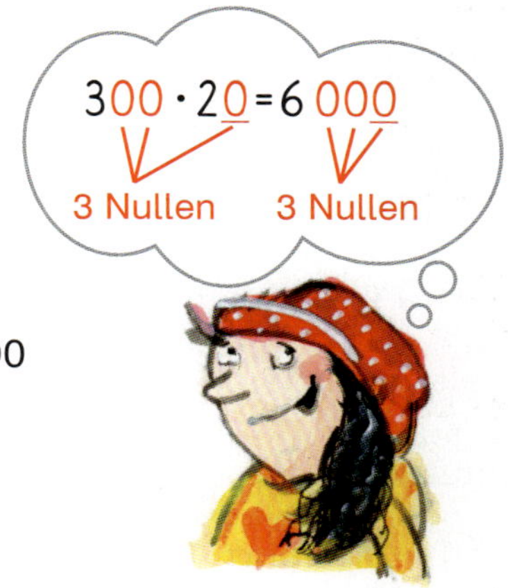

729 · 46 = ?		187 · 93 = ?
☐ 3 500 ☐ 35 000 ☐ 74 000		☐ 1 800 ☐ 18 000 ☐ 27 000

3 Rechne mit Überschlag.

78 · 32	Ü: 80 · 30 = 2 400	214 · 51	Ü: 200 · 50 =
41 · 29		389 · 22	
28 · 11		705 · 83	
73 · 48		521 · 69	
37 · 62		408 · 31	

4 Rechne mit Überschlag.

23 · 9 ≈ _____   311 · 7 ≈ _____   68 · 72 ≈ _____   918 · 21 ≈ _____

79 · 8 ≈ _____   587 · 2 ≈ _____   22 · 58 ≈ _____   228 · 49 ≈ _____

51 · 5 ≈ _____   808 · 8 ≈ _____   90 · 37 ≈ _____   670 · 62 ≈ _____

Lösungen: 180 250 640 1 200 1 200 2 100 2 400 3 600 4 900 6 400 10 000 12 500 18 000 42 000

▶ Ü 41–46   Überschlagsrechnungen, schriftliche Multiplikation

7. Meisterhaft multipliziert

1 Finde Fragen zu den Texten.
Berechne immer zuerst den Überschlag und dann die genaue Lösung.

a) Drei Freundinnen kaufen sich gemeinsam ein Boot um 387 €. Sie teilen die Kosten gerecht.

b) Ilko hat 117,35 € in seinem Sparschwein. Er kauft eine DVD um 19,90 €.

c) Die 4 b Klasse macht einen Ausflug.
Die Lehrerin sammelt von jedem der 23 Kinder 18 € ein.

d) Helena kauft zwei Strumpfhosen um je 17,90 € und einen Schal.
Sie bezahlt mit einem 100-€-Schein und bekommt 36,25 € zurück.

e) Martin bekommt pro Woche doppelt so viel Taschengeld
wie sein jüngerer Bruder Thomas.
Gemeinsam bekommen sie 4,50 €.

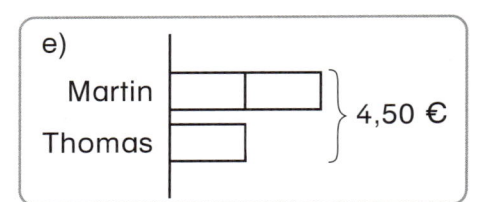

★ f) Kamil möchte ein Modellflugzeug kaufen.
Das Flugzeug kostet 119 €.
Jede Woche kann er dafür von
seinem Taschengeld 7,50 € zur Seite legen.

g) 16 Personen vom Schiverein wollen gemeinsam
einen Schitag verbringen.
Beim Kauf der Liftkarten müssen sie entscheiden,
ob sie eine Gruppenkarte um 295 €
oder Einzelkarten um je 39 € nehmen sollen.

h) Ein Ticket für eine ganztägige Schiffsrundfahrt
mit Mittag- und Abendessen an Bord kostet 149 € pro Person.
Die Chefin der Firma Ehrenwert lädt ihre 27 Mitarbeiterinnen
und Mitarbeiter zu diesem Ausflug ein.

Zeichne Balkenmodelle.

2 **AUFGABEN-WERKSTATT**

Sachaufgaben zum Thema Geld

a) Denke dir selbst eine Aufgabe zum Thema Geld aus.

b) Beschreibe oder zeichne, wie du deine Aufgabe gelöst hast.

c) Stelle deine Aufgabe einem anderen Kind vor.

Bleib in Form!

3 Rechne mit Überschlag. Runde auf ganze 100er.

1 754 − 239 ≈ 1 800 − 200 = _____   7 148 − 2 432 ≈ _____ = _____

8 226 − 751 ≈ _____ = _____   6 371 − 1 908 ≈ _____ = _____

4 979 − 326 ≈ _____ = _____   9 995 − 6 163 ≈ _____ = _____

3 560 − 694 ≈ _____ = _____   2 256 − 2 175 ≈ _____ = _____

Lösungen: | 100 | 200 | 1 600 | 2 000 | 2 900 | 3 800 | 4 500 | 4 700 | 4 700 | 7 400 |

▶ Ü 41–46   Sachaufgaben zum Thema Geld
3) Wiederholung: Kopfrechnen, Subtraktion mit gerundeten Zahlen

7. Meisterhaft multipliziert

1 **AUFGABEN-WERKSTATT**

Schau den Infokasten zum Flugzeug und das Angebot des Reisebüros an.

a) Schreibe eine Rechengeschichte und löse sie.

b) Stelle deine Überlegungen dar.

c) Besprich deine Lösung mit einem anderen Kind.

TOP ANGEBOT

Wien – Innsbruck – Wien
Economy Class: 268 €
Business Class: 476 €

Graz – London – Graz
Economy Class: 302 €
Business Class: 500 €

Kinderermäßigung:
Kinder bis 12 Jahre
bezahlen nur die Hälfte.

Technische Daten:
Max. Startgewicht   41 730 kg
Max. Landegewicht   36 740 kg
Leergewicht   24 800 kg
Treibstoffzuladung   10 692 kg
Treibstoffverbrauch   1 760 kg pro Stunde
Reisegeschwindigkeit 780 km pro Stunde

Sitzplätze:
60 Economy Class
15 Business Class

2 Leonardo hat auch eine Aufgabe geschrieben.
Leider sind ihm dabei Fehler passiert.

a) Finde die Fehler und erkläre, was Leonardo falsch gemacht hat.

b) Löse das Beispiel richtig.

1) Der Flug Graz – London – Graz ist ausgebucht. Wie viel Euro bekommt die Fluggesellschaft, wenn insgesamt 12 Kinder in der Economy Class mitfliegen?

2) 302 € · 60   500 € · 15
60 Plätze Economy   15 Plätze Business
12 Kinder
Preis: 302 € : 2 und das mal 12

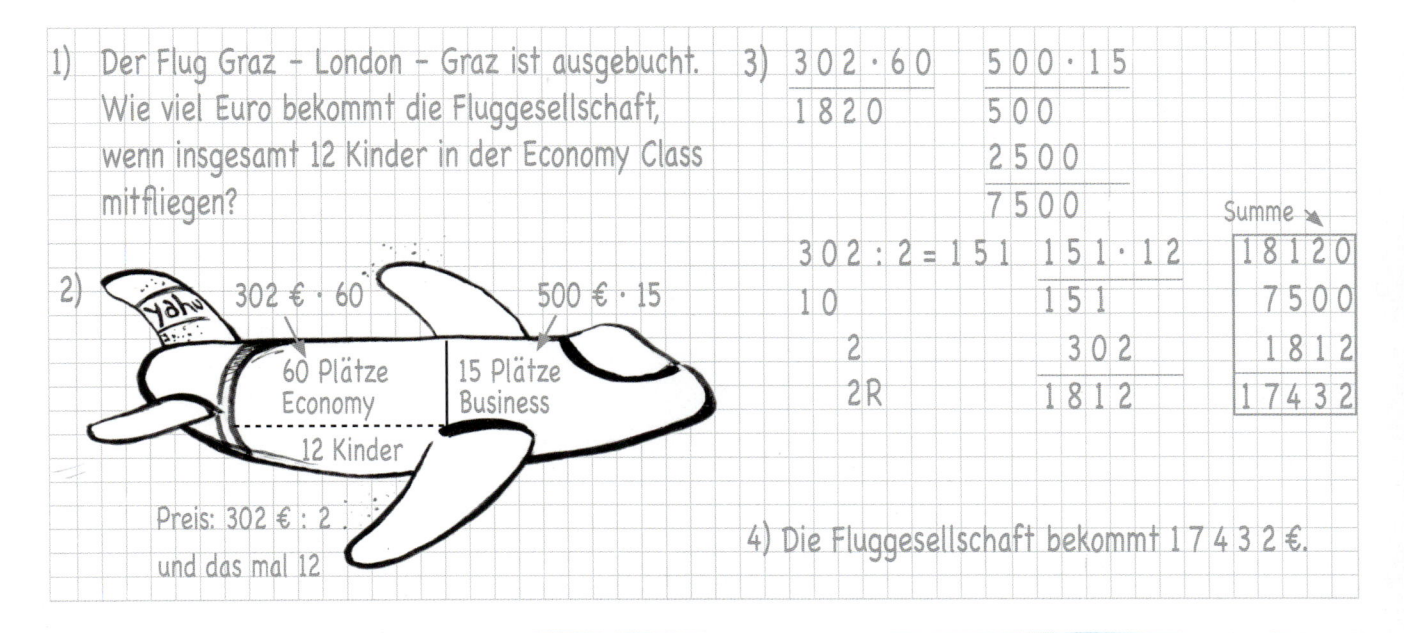

3)
$302 \cdot 60$ $500 \cdot 15$
1820 500
                         2500
                         7500

$302 : 2 = 151$ $151 \cdot 12$
10 151
2 302
$2R$ 1812

Summe
18120
7500
1812
17432

4) Die Fluggesellschaft bekommt 17 432 €.

> Ü 41–46   Offene Aufgaben: Eigene Aufgaben zu einer Sachsituation finden, Lösungswege erarbeiten und die Aufgaben lösen.

8. Halbe, Viertel und Achtel

1 Ergänze die Beschriftungen beim Pizzastand.
Verwende die Hinweise auf den Tafeln, die Linn in der Hand hat.

CD 1-8

ganze Pizza
$\frac{1}{2}$ Pizza
$\frac{1}{4}$ Pizza

2 Gestalte Pizzen aus Papptellern.
Du brauchst zwei Pappteller, Buntstifte, Tonpapier, ein Lineal und eine Schere.

1. Pappteller: **ein Ganzes**

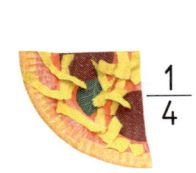

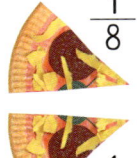

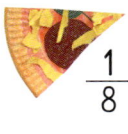

2. Pappteller: **ein Halbes, ein Viertel** und 2 mal **ein Achtel**

Bleib in Form!

3 Löse die Rechenpakete und ergänze jeweils die letzte Rechnung.

40 · 7 = _____   6 · 30 = _____   300 · 4 = _____   50 · 50 = _____

50 · 6 = _____   6 · 50 = _____   400 · 5 = _____   60 · 60 = _____

60 · 5 = _____   6 · 70 = _____   500 · 6 = _____   70 · 70 = _____

_____   _____   _____   _____

4 Beschreibe die Rechenpakete von Aufgabe 3.

▶ Ü 47–52   Einführung Bruchzahlen, bildhafte Darstellung von Bruchzahlen
1) Dazu gibt es eine mathematische Abenteuergeschichte.
3) Wiederholung: Kopfrechnen, Multiplikation großer Zahlen

8. Halbe, Viertel und Achtel

1 Welcher Teil der Figuren ist bemalt?

Schreibe $\frac{1}{2}$, $\frac{1}{4}$ oder $\frac{1}{8}$ in die Kästchen.

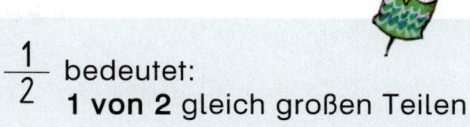

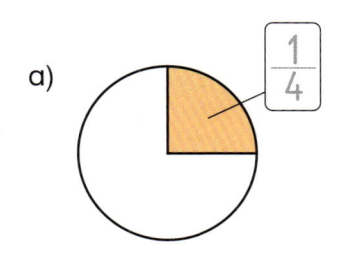

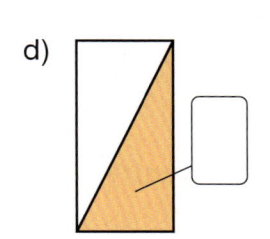

$\frac{1}{2}$ bedeutet: **1 von 2** gleich großen Teilen

$\frac{1}{4}$ bedeutet: **1 von 4** gleich großen Teilen

$\frac{1}{8}$ bedeutet: **1 von 8** gleich großen Teilen

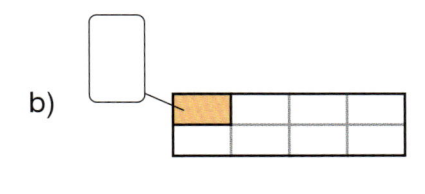

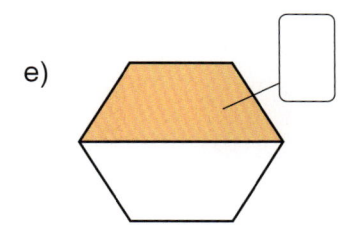

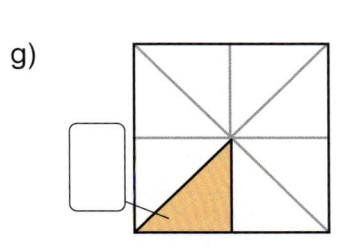

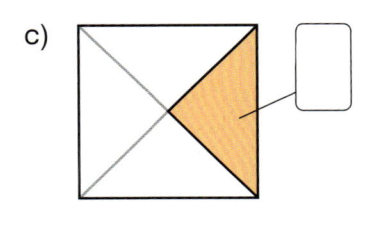

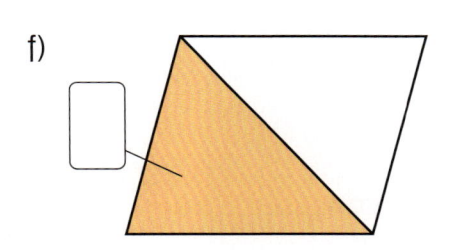

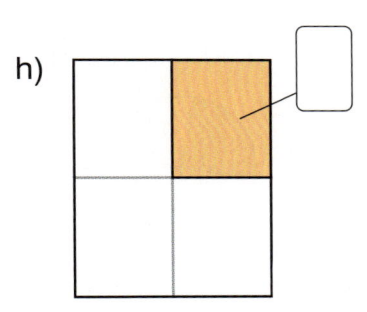

a) $\frac{1}{4}$

b)

c)

d)

e)

f)

g)

h)

2 Bemale die angegebenen Teile der Figuren.
Vergleiche deine Ergebnisse mit den Ergebnissen eines anderen Kindes.

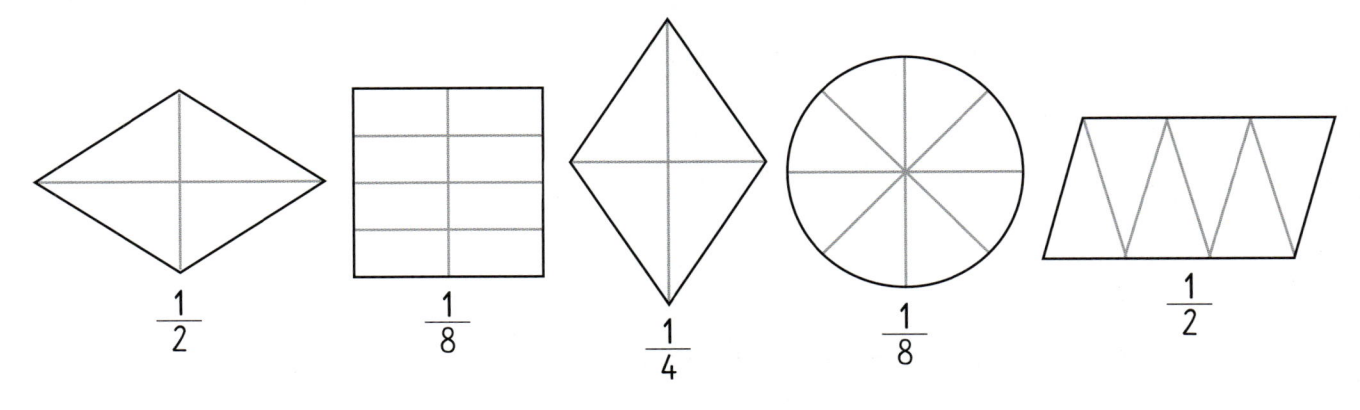

$\frac{1}{2}$ $\frac{1}{8}$ $\frac{1}{4}$ $\frac{1}{8}$ $\frac{1}{2}$

▶ Ü 47–52 Geometrische Darstellung von Bruchzahlen

8. Halbe, Viertel und Achtel

$\frac{3}{4}$ ---- Zähler / Bruchstrich / Nenner

Der **Zähler** zählt die Teile. Also **drei** Teile.

Der **Nenner** benennt den Bruch. Also **Viertel**.

$\frac{3}{4}$ spricht man „drei Viertel"

1 Wie viele Teile der Figuren sind jeweils bemalt?

a) 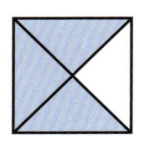 $\frac{3}{4}$
Das sind __3__ von __4__ gleich großen Teilen.

b) 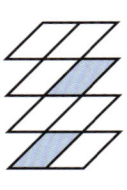 $\frac{2}{\_}$
Das sind ___ von ___ gleich großen Teilen.

c) 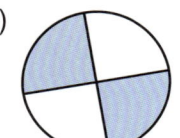
Das sind ___ von ___ gleich großen Teilen.

d) 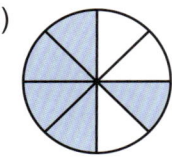
Das sind ___ von ___ gleich großen Teilen.

e) 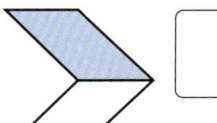
Das ist ___ von ___ gleich großen Teilen.

f) 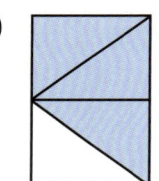
Das sind ___ von ___ gleich großen Teilen.

Bleib in Form!

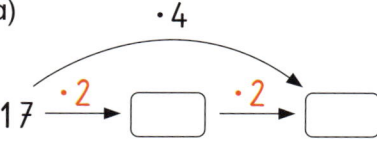

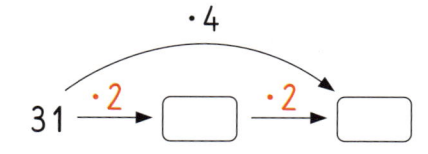

2 Rechne.

a)
17 →·2→ ☐ →·2→ ☐ (·4)

31 →·2→ ☐ →·2→ ☐ (·4)

b)
12 · 4 = _____
35 · 4 = _____
18 · 4 = _____
52 · 4 = _____

c)
215 · 4 = _____
162 · 4 = _____
3 150 · 4 = _____
1 225 · 4 = _____

Lösungen:
| 34 | 48 | 62 | 68 | 72 | 124 | 140 |
| 208 | 453 | 648 | 860 | 4 900 | 5 400 | 12 600 |

▶ Ü 47–52 Darstellung von Bruchzahlen, Sprechweise
2) Kopfrechnen: vorteilhaft multiplizieren

8. Halbe, Viertel und Achtel

1 Schreibe die passenden Rechnungen.

$\frac{1}{4} + \frac{1}{4} = \frac{2}{4}$

$\frac{3}{8} +$ _____

2 Rechne.

$\frac{6}{8} + \frac{1}{8} = \square$ $\frac{1}{4} + \frac{2}{4} = \square$ $\frac{3}{4} + \frac{0}{4} = \square$ $\frac{1}{4} + \frac{1}{4} = \square$

$\frac{1}{2} + \frac{1}{2} = \square$ $\frac{2}{8} + \frac{3}{8} = \square$ $\frac{1}{8} + \frac{3}{8} = \square$ $\frac{5}{8} + \frac{2}{8} = \square$

3 Schreibe die passenden Rechnungen.

$\frac{4}{4} -$ _____

_____

4 Rechne.

$\frac{3}{4} - \frac{1}{4} = \square$ $\frac{1}{2} - \frac{1}{2} = \square$ $\frac{3}{8} - \frac{1}{8} = \square$ $\frac{6}{8} - \frac{5}{8} = \square$

$\frac{6}{8} - \frac{4}{8} = \square$ $\frac{7}{8} - \frac{2}{8} = \square$ $\frac{2}{4} - \frac{1}{4} = \square$ $\frac{3}{4} - \frac{2}{4} = \square$

5 Ergänze immer auf ein Ganzes.

a) $\frac{3}{4} + \frac{1}{4} = 1$

b) $\frac{1}{4} +$ _____

c) $\frac{3}{8} +$ _____

d) $\frac{6}{8} +$ _____

▶ Ü 47–52   Addition und Subtraktion gleichnamiger Bruchzahlen

8. Halbe, Viertel und Achtel

1 Ergänze immer auf ein Ganzes.

$\frac{3}{8}$ | $\boxed{\frac{5}{8}}$ $\frac{2}{4}$ | ☐ $\frac{7}{8}$ | ☐

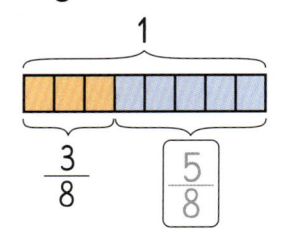

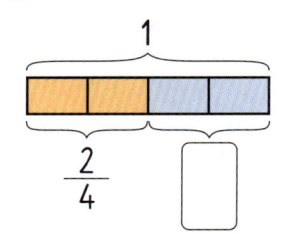

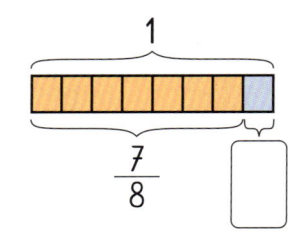

2 Ergänze immer auf ein Ganzes.

$\frac{3}{4} + \frac{1}{4} = 1$ $\frac{7}{8} +$ _____ $\frac{2}{4} +$ _____ $\frac{1}{4} +$ _____

$\frac{1}{2} +$ _____ $\frac{5}{8} +$ _____ $\frac{4}{8} +$ _____ $\frac{2}{8} +$ _____

3 Stelle die Brüche als Balken dar.

a) drei Viertel   b) ein Halbes   c) drei Achtel

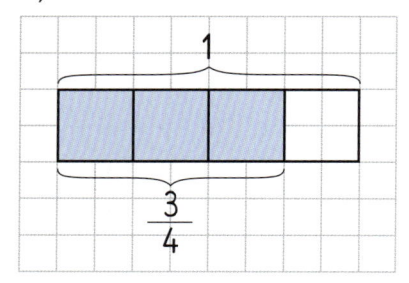

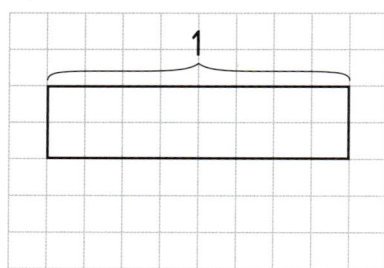

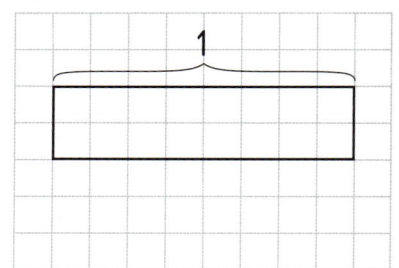

$\frac{3}{4}$

4 Stelle diese Brüche in deinem Heft als Balken dar.

a) $\frac{1}{2}$ b) $\frac{3}{8}$ c) $\frac{1}{8}$ d) $\frac{5}{8}$ e) $\frac{4}{4}$ f) $\frac{1}{4}$

Bleib in Form!

5 Rechne.

a) 26 $\xrightarrow{\cdot 10}$ ☐ $\xrightarrow{:2}$ ☐ (·5)

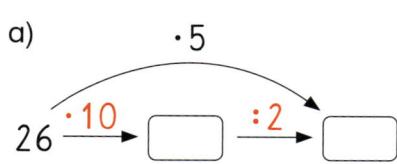

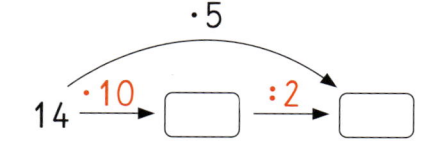

b) 18 · 5 = _____
62 · 5 = _____
86 · 5 = _____
46 · 5 = _____

c) 480 · 5 = _____
320 · 5 = _____
640 · 5 = _____
290 · 5 = _____

14 $\xrightarrow{\cdot 10}$ ☐ $\xrightarrow{:2}$ ☐ (·5)

Lösungen:
| 70 | 90 | 130 | 140 | 230 | 260 | 310 |
| 430 | 520 | 1 450 | 1 600 | 2 350 | 2 400 | 3 200 |

▶ Ü 47–52 Ergänzen auf ein Ganzes, Darstellen von Bruchzahlen als Balken
5) Kopfrechnen: vorteilhaft multiplizieren

8. Halbe, Viertel und Achtel

1 Diese Bruchzahlen haben den gleichen Nenner.
Ordne sie vom größten bis zum kleinsten Wert.

a) $\frac{2}{4}$ $\frac{3}{4}$ $\frac{1}{4}$

geordnet: ☐ > ☐ > ☐

b) $\frac{5}{8}$, $\frac{3}{8}$, $\frac{7}{8}$

geordnet: ☐ > ☐ > ☐

2 Diese Bruchzahlen haben den gleichen Zähler.
Ordne sie vom größten bis zum kleinsten Wert.

a) $\frac{1}{4}$ $\frac{1}{2}$ $\frac{1}{8}$

geordnet: $\frac{1}{2}$ > ☐ > ☐

b) $\frac{2}{8}$, $\frac{2}{4}$, $\frac{2}{2}$

geordnet: ☐ > ☐ > ☐

3 Setze <, > oder = richtig ein.

$\frac{2}{8}$ = $\frac{1}{4}$ $\frac{3}{4}$ ○ $\frac{3}{8}$ $\frac{0}{2}$ ○ $\frac{1}{2}$ $\frac{4}{4}$ ○ $\frac{8}{8}$ $\frac{3}{4}$ ○ $\frac{2}{4}$

$\frac{5}{8}$ ○ $\frac{6}{8}$ $\frac{2}{4}$ ○ $\frac{1}{2}$ $\frac{4}{8}$ ○ $\frac{3}{8}$ $\frac{1}{8}$ ○ $\frac{1}{4}$ $\frac{2}{2}$ ○ $\frac{2}{8}$

4 Ordne diese Bruchzahlen vom kleinsten bis zum größten Wert.

$\frac{3}{4}$, $\frac{1}{2}$, $\frac{7}{8}$, $\frac{1}{4}$, $\frac{1}{8}$ geordnet: ☐

5 Finde Fragen zu den Texten und beantworte sie.

a) Von der Geburtstagstorte ist nur mehr ein Viertel übrig.

b) Viele Luftballons schmücken den Raum.
Ein Achtel davon ist rot, zwei Achtel sind gelb und die anderen sind blau.

c) Drei Viertel der Gäste kommen von weit her, die anderen sind Nachbarn.

▶ Ü 47–52   Vergleichen von Bruchzahlen

8. Halbe, Viertel und Achtel

Gemischte Zahlen

Zahlen, die aus Ganzen und Brüchen bestehen, nennt man gemischte Zahlen.

1 Wie viele Äpfel liegen auf den Tellern?
Schreibe die Zahlen in die Kästchen und sprich dazu.

$2\frac{1}{2}$

2 Welche gemischten Zahlen sind hier dargestellt?

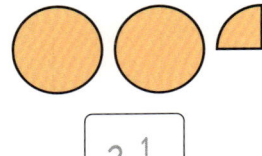

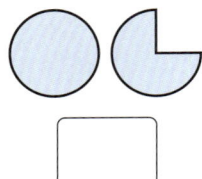

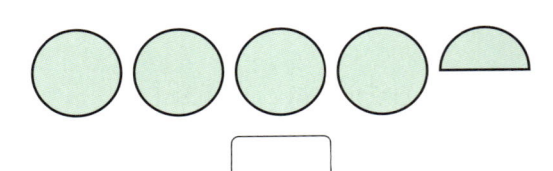

$2\frac{1}{4}$

3 Lies die Aufgaben und löse sie in deinem Heft.

a) Erika richtet Brote für ein Fest her.
Die Hälfte bestreicht sie mit Butter, ein Viertel mit Marmelade und den Rest mit Honig.
Wie viele der Brote sind Honigbrote?

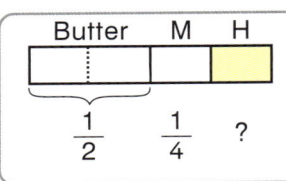

b) Auf einem Tisch liegen zweieinhalb Melonen, auf einem anderen Tisch ebenfalls.
Wie viele Melonen sind das?

c) Mateja hat für ein Fest dreieinhalb Laibe Brot aufgeschnitten.
Die Gäste haben zweieinhalb Laibe Brot gegessen.
Wie viel ist übrig geblieben?

Butter	M	H
$\frac{1}{2}$	$\frac{1}{4}$	?

Ich zeichne ein Balkenmodell als Skizze.

Bleib in form!

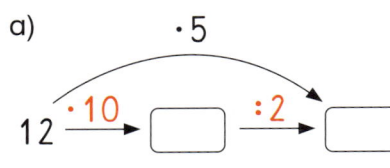

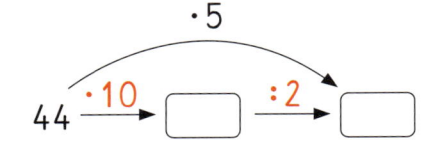

4 Rechne.

a) 12 →·10→ ☐ →:2→ ☐ (·5)

44 →·10→ ☐ →:2→ ☐ (·5)

b) 38 · 5 = _____
37 · 5 = _____
26 · 5 = _____
92 · 5 = _____

c) 280 · 5 = _____
★ 120 · 5 = _____
940 · 5 = _____
360 · 5 = _____

Lösungen:
| 60 | 120 | 130 | 185 | 190 | 220 | 440 |
| 460 | 600 | 800 | 1 400 | 1 800 | 2 100 | 4 700 |

▶ Ü 47–52 Gemischte Zahlen, Sachaufgaben mit Bruchzahlen
4) Kopfrechnen: vorteilhaft multiplizieren

9. Projekt Papier

1 Christa transportiert mit ihrem LKW Papier und Bücher.
Schau die Karte an und löse die Aufgaben.

CD 1-9

a) Christa fährt vom Sägewerk zur Papierfabrik und von dort weiter zur Buchhandlung.
   Wie viele Kilometer sind das?

   R: _____

   A: _____

b) Wie lang ist der kürzeste Weg vom Sägewerk bis zur Bibliothek?

   R: _____

   A: _____

c) Christa bringt Bücher von der Druckerei zur Buchhandlung.
   Die direkte Straße ist leider gesperrt. Sie muss einen Umweg fahren.
   Um wie viele Kilometer muss sie jetzt weiter fahren?

   R: _____

   A: _____

2 **AUFGABEN-WERKSTATT**

Verwende die Karte von Übung 1. Denke dir selbst drei Aufgaben aus.
Schreibe sie auf Kärtchen und bitte andere Kinder, deine Aufgaben zu lösen.
Besprecht eure Lösungen.

▶ Ü 53–56   Pläne lesen, Sachaufgaben lösen
   1) Dazu gibt es eine mathematische Abenteuergeschichte.

9. Projekt Papier

1 Die Papierfabrik Schönheft stellt Papier für Schulbücher, Hefte, Taschentücher, Klopapier, Zeitungen, Schachteln und Zeichenpapier her.
Seit 1970 wird auch Altpapier zur Papiererzeugung verwendet.
Beurteile die Aussagen mit richtig oder falsch. Das Diagramm hilft dir dabei.

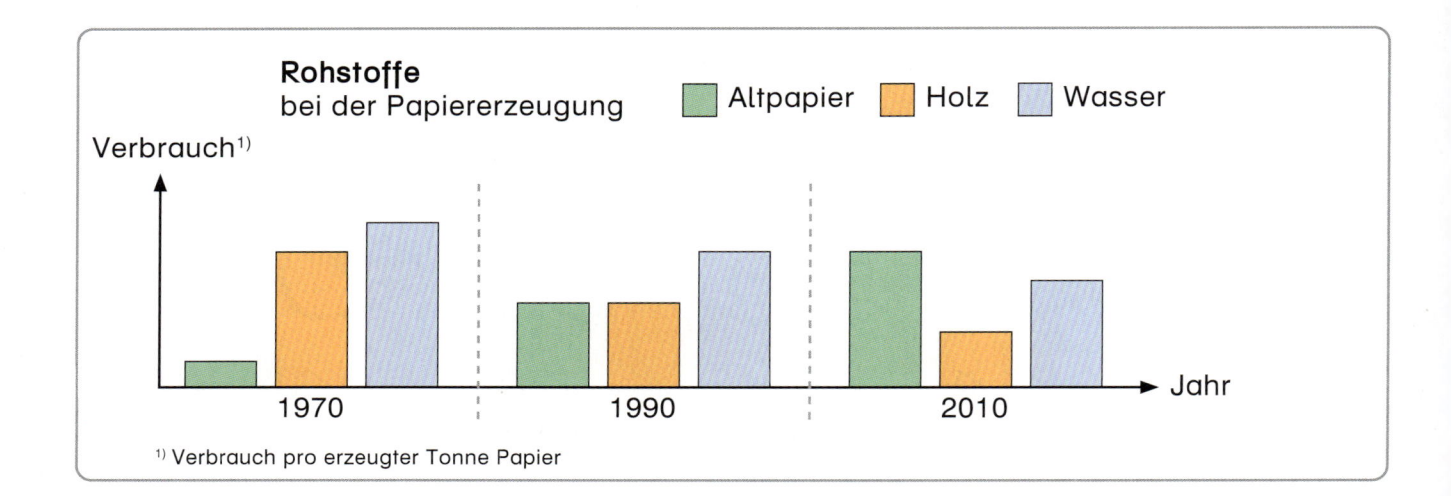

Rohstoffe bei der Papiererzeugung — Altpapier, Holz, Wasser

[1] Verbrauch pro erzeugter Tonne Papier

	richtig	falsch
a) 1990 wurde mehr Altpapier verwendet als 1970.	☒	☐
b) 2010 wurde mehr Altpapier verwendet als Holz.	☐	☐
c) Je mehr Altpapier verwendet wird, desto mehr Wasser braucht man.	☐	☐
d) Der Anteil an Altpapier in der Papierherstellung wird immer größer.	☐	☐
e) Für die gleiche Menge Papier verbraucht die Firma Schönheft 2010 doppelt so viel Wasser wie 1970.	☐	☐
f) Je mehr Altpapier verwendet wird, desto weniger Holz und Wasser werden verbraucht.	☐	☐
g) Die Firma Schönheft verbraucht bei der Papiererzeugung kein Wasser.	☐	☐

Bleib in Form!

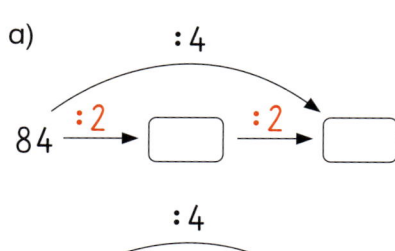

2 Rechne.

a) 84 :2 → ☐ :2 → ☐   (:4)
   60 :2 → ☐ :2 → ☐   (:4)

b) 48 : 4 = _____
   124 : 4 = _____
   212 : 4 = _____
   96 : 4 = _____

c) 4 200 : 5 = _____
   3 000 : 5 = _____
   2 000 : 5 = _____
   10 000 : 5 = _____

Lösungen:
| 12 | 15 | 21 | 24 | 30 | 31 | 42 |
| 53 | 400 | 600 | 800 | 840 | 1 050 | 2 000 |

Ü 53–56 Lesen und Interpretieren von komplexen Diagrammen
2) Kopfrechnen: vorteilhaftes Rechnen bei der Division

9. Projekt Papier

Künstlerbedarf Klex

Farben
Flasche klein: 2,90 €
Flasche groß: 6,90 €
Farbenset: 19,90 €

Papier
Zeichenpapier, 10 Blätter: 9,70 €
Keilrahmen klein: 6,80 €
Keilrahmen groß: 11,20 €

Zubehör
Haarpinsel, einzeln: 4,80 €
Set mit 4 Pinseln: 9,20 €
Mischpalette: 5,60 €
Modellpuppe: 12,20 €
Staffelei: 129,90 €
Buch „Jeder kann malen": 14,90 €
DVD „Schnellkurs": 19,50 €
CD-ROM „So geht's": 49,90 €

1 Schreibe Rechengeschichten, die zu den Rechnungen und der Preisliste passen und löse sie.

a) 6,90 € · 4
b) 129,90 € + 12,20 €
c) 100 € − 49,90 €
d) 9,20 € : 4

> Rechne bei der Multiplikation und der Division mit Cent!
> 6,90 € = 690 c

2 Löse die Rechenbäume und schreibe passende Rechengeschichten in dein Heft. Verwende die Preisliste des Fachgeschäfts „Künstlerbedarf Klex". Vergleiche deine Geschichten mit den Geschichten eines anderen Kindes.

a) 2,90 € · 4 ; 6,90 € · 2 ; +

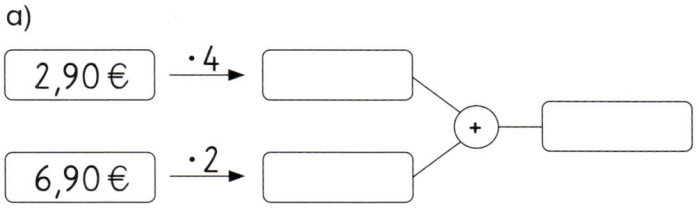

b) 11,20 € · 6 ; 100 € −

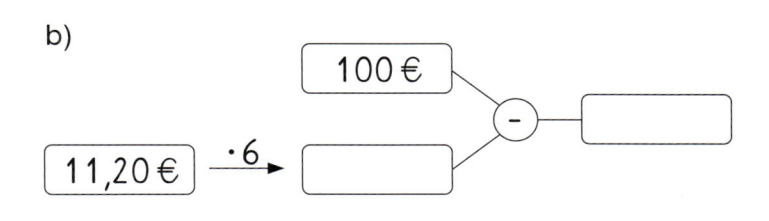

c) 6,80 € · 3 ; + 129,90 €

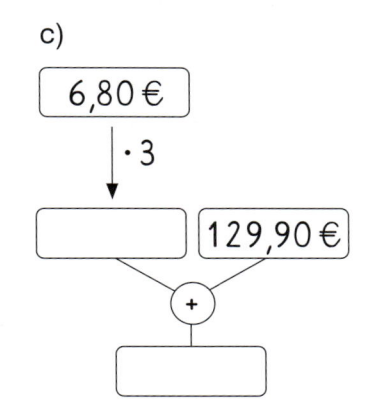

3 **AUFGABEN-WERKSTATT**

Stelle dir vor, du hättest einen 100-€-Gutschein, den du im Fachgeschäft „Künstlerbedarf Klex" einlösen kannst. Was würdest du kaufen?
Schreibe deine eigene Rechengeschichte und berechne das Ergebnis.

▶ Ü 53–56 Sachaufgaben lösen, Rechenwege beschreiben, Aufgaben zu Termen finden

9. Projekt Papier

Miniprojekt: Origami-Gitter

1 Falte ein quadratisches Stück Papier zu einem Origami-Gitter.

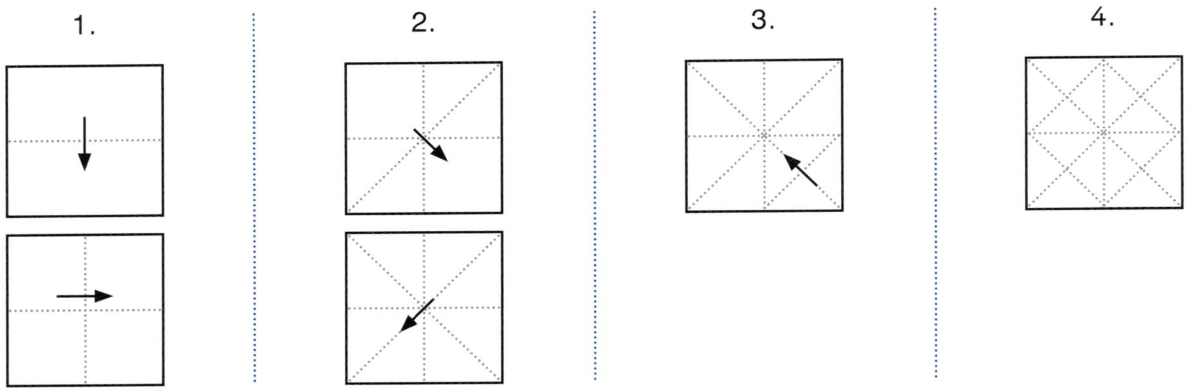

2 Tina hat vier Origami-Gitter gefaltet und bemalt.
Was fällt dir bei ihren Werkstücken auf?
Besprich deine Beobachtungen mit einem anderen Kind.

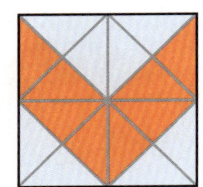

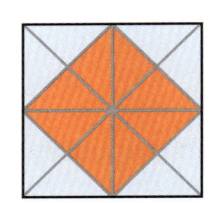

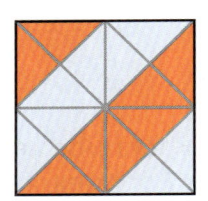

3 Gestalte dieses Origami-Gitter nach folgenden Regeln:
- Male die Flächen rot, blau, gelb oder grün an.
- Es sollen doppelt so viele rote Flächen sein wie blaue.
- $\frac{1}{2}$ der Gesamtfläche soll gelb sein.
- Das Origami-Gitter soll symmetrisch bemalt sein.

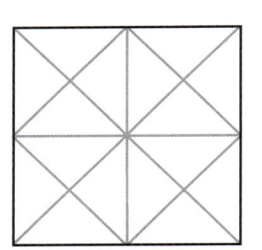

Bleib in Form!

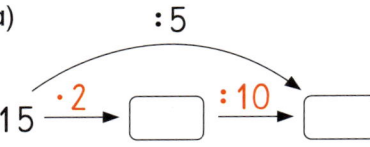

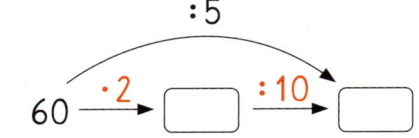

4 Rechne.

a) 15 $\xrightarrow{\cdot 2}$ ▢ $\xrightarrow{:10}$ ▢ (:5)

60 $\xrightarrow{\cdot 2}$ ▢ $\xrightarrow{:10}$ ▢ (:5)

b) 75 : 5 = ____
80 : 5 = ____
215 : 5 = ____
110 : 5 = ____

c) ★ 1 000 : 5 = ____
2 500 : 5 = ____
3 100 : 5 = ____
1 400 : 5 = ____

Lösungen:
| 3 | 12 | 14 | 15 | 16 | 22 | 30 |
| 43 | 120 | 200 | 280 | 500 | 620 | 15 500 |

▶ Ü 53–56 Geometrische Aufgaben: Origami
4) Kopfrechnen: vorteilhaftes Rechnen bei der Division

9. Projekt Papier

Miniprojekt: Papierformate

1 Die Papierformate von A3 bis A6.

a) Nimm ein Blatt A3-Papier.
Dann falte es in der Hälfte der Länge.
Du erhältst eine Seite im A4-Format.
Miss die Länge und Breite und trage sie in die Tabelle ein.
Falte jeweils noch einmal für die Formate A5 und A6.
Trage jeweils Länge und Breite in die Tabelle ein.

Format	messen		berechnen
	Länge	Breite	Fläche (gerundet)
A3	420 mm	297 mm	1 247 cm²
A4			
A5			
A6			

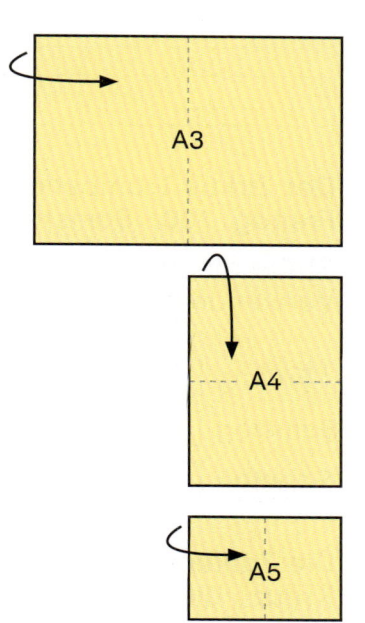

b) Besprich deine Ergebnisse mit einem anderen Kind.
Was fällt dir auf?
Könnte man die Längen und Breiten auch ausrechnen anstatt abzumessen?

c) Berechne die Flächen.
Findest du zwei verschiedene Möglichkeiten,
wie man die Fläche des A4-Papiers berechnen kann?
Besprich deine Ideen mit einem anderen Kind.
Wähle die einfachste Art und berechne die Flächen von A4, A5 und A6.

2 Die Papierformate von A6 bis A0.

a) Gruppenarbeit: Plakat.
Gestaltet ein Plakat mit A4-Blättern und Klebeband,
das alle Formate von A6 bis A0 zeigt.
Überlegt zu Beginn,
wie viele A4-Blätter ihr brauchen werdet.
Stellt eure Überlegungen dar und
besprecht das Ergebnis in der Klasse.

★ b) Knobelaufgabe:
Welchen Flächeninhalt hat ein A0-Papier?
Welchen Flächeninhalt hat das ganze Plakat?
Besprich deine Überlegungen
mit anderen Kindern.

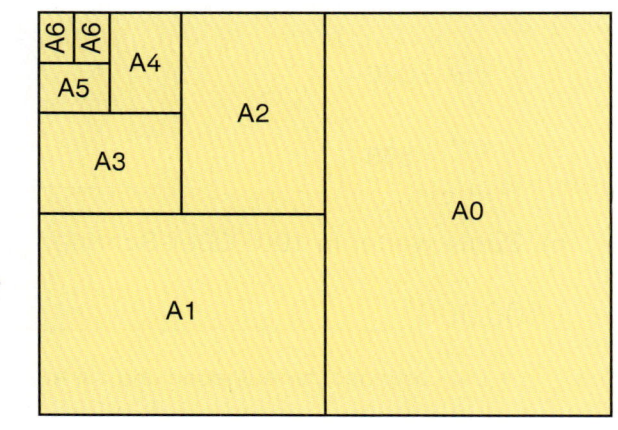

▶ Ü 53–56 Arbeit mit Tabellen, Längen messen, Beobachtungen anstellen und austauschen, Flächen berechnen,
Problem-lösen, Rechenwege beschreiben und darstellen.
1c) Die Flächenangaben sind gerundet. Wenn die Kinder keine Lösung finden, weisen Sie darauf hin,
dass die Fläche von A4 halb so groß ist wie jene von A3.

10. Zeig, was du kannst!

Zahlen bis 1 000 000

1 Wie heißen die Einernachbarn?

	5 300			62 000	
		20 000	32 899		

CD 1-10

2 Der Zirkus Trompeticus hatte folgende Gästezahlen:
Freitag: 700, Samstag: 900, Sonntag: 600.

Stelle die Anzahl der Besucherinnen und Besucher auf den Balken dar.
Verwende ein Geodreieck zum Messen.

0 — 1 000
Freitag
Samstag
Sonntag

3 Die Zahlen 4 572, 9 516 und 22 588 haben gemeinsame Merkmale.
Kreuze die gemeinsamen Merkmale an.

☐ Alle drei Zahlen sind kleiner als 20 000.

☐ Alle drei Zahlen sind gerade.

☐ Alle drei Zahlen haben an der Hunderterstelle die Ziffer 5.

Hole dir deinen Stern! ★ 6

4

a) Schreibe diese Zahl mit Ziffern:

Vierundachtzigtausend = _____

b) Welche Zahlen sind hier dargestellt?

Legende:
▭ 5 000
◇ 1 000
▽ 500

c) Zähle weiter in 100 000er-Schritten.

500 000, _____, _____, _____, _____, _____

→ Die Lösungen der Aufgaben und die Auswertung findest du im Lösungsheft.

▶ Ü 57–62 Wiederholung: ZR 1 000 000
1) Dazu gibt es eine mathematische Abenteuergeschichte.
4) Selbsttest: Die Kinder überprüfen ihre Ergebnisse anhand der Lösungen im Lösungsheft.

10. Zeig, was du kannst!

Multiplikation

1 Rechne und kontrolliere selbst die Lösungen.

a) Multipliziere 72 mit 4.
b) Multipliziere 418 mit 35.
c) Rechne 163 · 27.
d) Rechne 39 mal 14.
e) Multipliziere 294 mit 52.
f) Wie viel ist 85 mal 85?

Lösungen:

288	546	4 401
6 890	7 225	14 630
15 288	16 324	

2 Finde den Fehler in der Multiplikation und beschreibe ihn.

```
  4 0 8 · 6 3
  ───────────
  2 4 4 8
    1 2 2 4
  ───────────
  2 5 6 0 4
```

Fehler: _____

3 Berechne zuerst den Überschlag und dann erst die genaue Lösung.

a) In einem Lagerraum stehen Kisten mit Mineralwasser. In jeder Kiste sind 16 Flaschen. Wie viele Flaschen sind im Lagerraum, wenn dort 37 Kisten stehen?

b) Eine Rolle Papier wiegt 410 kg. Auf einen Lastwagen werden 42 Rollen geladen. Wie schwer ist die Ladung?

c) Auf einer Druckseite sind 42 Zeilen mit je 65 Buchstaben. Wie viele Buchstaben sind auf dieser Seite?

Hole dir deinen Stern! ★ 7

4

a) Berechne den Überschlag.

78 · 3 ≈ 80 · 3 = _____ ☐   66 · 22 ≈ _____ = _____ ☐
54 · 7 ≈ _____ = _____ ☐   43 · 37 ≈ _____ = _____ ☐
116 · 4 ≈ _____ = _____ ☐   403 · 18 ≈ _____ = _____ ☐

b) Hans hilft 26 Tage lang bei der Kartoffelernte. Er bekommt 85 € pro Tag. Wie viel verdient Hans in dieser Zeit?

Antwort: _____

→ Die Lösungen der Aufgaben und die Auswertung findest du im Lösungsheft.

Ü 57–62   Wiederholung: Multiplikation

10. Zeig, was du kannst!

Bruchzahlen

1 Zeichne die angegebenen Bruchteile in die Balken ein und bemale sie.

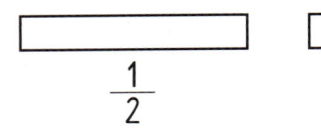

$\frac{1}{2}$ $\frac{3}{4}$ $\frac{5}{8}$

2 Rechne.

$\frac{3}{8} + \frac{1}{8} =$ $\frac{2}{4} + \frac{1}{4} =$ $\frac{3}{4} - \frac{2}{4} =$ $\frac{1}{4} - \frac{1}{4} =$

$\frac{1}{2} + \frac{1}{2} =$ $\frac{5}{8} + \frac{2}{8} =$ $\frac{6}{8} - \frac{1}{8} =$ $\frac{5}{8} - \frac{2}{8} =$

3 Rechne im Kopf und schreibe kurze Antworten, in denen Bruchzahlen vorkommen.

a) Ein Bauer hat Äpfel geerntet. Ein Achtel der Äpfel ist faul.
Welcher Teil der Ernte ist noch in Ordnung?

_____

b) Paul streicht sein Zimmer neu. Er hat bereits drei Viertel der Farbe verbraucht.
Wie viel Farbe hat er noch?

_____

c) Sladan hat ein Achtel der Pizza gegessen, Fatime doppelt so viel.
Wie viel ist von der Pizza noch übrig?

_____

Hole dir deinen Stern! 8

4

a) Bemale die angegebenen Flächenteile.

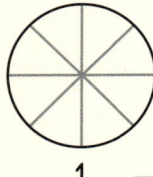

$\frac{1}{2}$ ☐ $\frac{3}{4}$ ☐ $\frac{5}{8}$ ☐ $\frac{1}{4}$ ☐ $\frac{3}{8}$ ☐

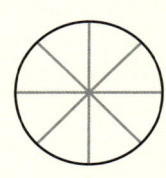

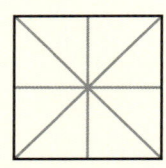

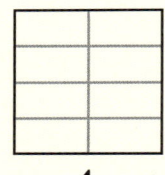

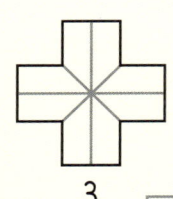

b) Rechne.

$1 - \frac{1}{8} =$ ☐ $1 - \frac{3}{4} =$ ☐ $1 - \frac{5}{8} =$ ☐ $1 - \frac{1}{2} =$ ☐

→ Die Lösungen der Aufgaben und die Auswertung findest du im Lösungsheft.

Ü 57–62   Wiederholung: Bruchzahlen

10. Zeig, was du kannst!

Geometrie

1 Setze das Ornament fort.

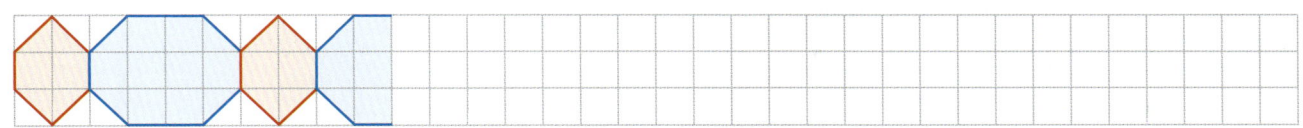

2 Setze die richtigen Einheiten ein.

a) Entfernungen zwischen Städten gibt man in _____ an.

b) Die Länge eines Tisches misst man in _____ .

c) Die Länge eines Fingernagels misst man in _____ .

3 Rechne.

a) Finde eine Rechengeschichte zu diesem Rechenbaum.
Diese Worte sollen in deiner Geschichte vorkommen:
[Geschäft] [Sonderangebot]

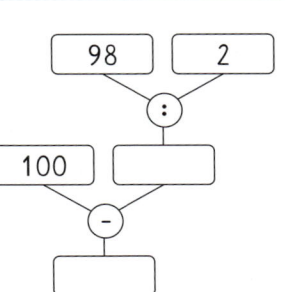

b) Finde eine Rechengeschichte zur Rechnung [836 : 7].
Diese Worte sollen in deiner Geschichte vorkommen:
[Woche] [Tag] [Kilometer] [Fahrrad]

c) Löse deine Aufgaben.

Rechenbaum: 98 2 ÷ 100 −

Hole dir deinen Stern! 9

4

a) Fred besucht seinen Freund Kurt.
Er fährt mit seinem Motorrad von Krumbl in Richtung Wenden.
Kurz vor Wenden biegt er rechts ab.
An der nächsten Kreuzung fährt er links und dann immer gerade aus bis zum ersten eingezeichneten Ort.

Wo wohnt Kurt?

_____

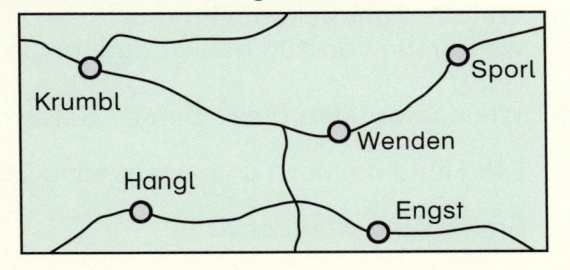

b) Schau das Bild an und kreuze an, ob die Aussagen richtig oder falsch sind.

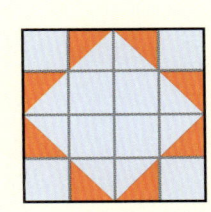

	richtig	falsch
Das Bild ist symmetrisch.	☐	☐
Das Bild besteht aus 25 Kästchen.	☐	☐
$\frac{3}{4}$ des Bildes sind blau.	☐	☐
$\frac{1}{8}$ des Bildes ist rot.	☐	☐

→ Die Lösungen der Aufgaben und die Auswertung findest du im Lösungsheft.

▶ Ü 57–62   Wiederholung: Pläne lesen, Rechengeschichten, geometrische Muster

10. Zeig, was du kannst!

Das kann ich schon!

1 Erwin, Gernot und Bruno spielen gemeinsam Lotto und gewinnen 34 218 €.
Erwin sagt: „Jeder von uns bekommt rund 3 400 Euro."
Was sagst du dazu?

2 Die Kinder messen die Länge des Klassenzimmers in Schritten.
Welches Kind macht die kleinsten Schritte? Begründe deine Antwort.

Kind	Schritte
Tunja	21
Hilde	18
Verena	23
Sonja	20

3 Löse diese Aufgaben in deinem Heft.

a) Der Clown Kakala ist in der Stadt.
Am Sonntag waren 135 Leute bei seiner Vorstellung.
Das waren um 40 Leute mehr als am Samstag.
Wie viele Leute waren in beiden Vorstellungen zusammen?

b) Der große Rinaldi zeigt Kunststücke mit einem 67 cm langen Schwert
und einem vier Mal so langem Riesenschwert.
Wie lang ist dieses Riesenschwert?

c) Erfinde eine Rechengeschichte, in der folgende Wörter vorkommen:
[Gaukler] [Keulen] [Fackeln]

Hole dir deinen Stern! 10

4

a) Welche Zahl bekommt man,
wenn man von 100 das Doppelte von 12 abzieht? _____

b) Wie schwer sind diese Dinge? Setze die richtigen Maßeinheiten ein.

Der Hund meiner Tante wiegt etwa 25 _____ .

Erikas Auto wiegt etwa 2 _____ .

Ein Käfer wiegt nur 1 _____ .

c) Frau Zauner will im Schlafzimmer Sesselleisten montieren.
Die Leisten sollen rund um diesen 4 Meter langen und
3 Meter breiten Raum reichen.
Die Tür, die einen Meter breit ist, bleibt frei.
Wie viele Leisten braucht sie, wenn eine Leiste 250 cm lang ist?
Eine Skizze kann für die Lösung sehr hilfreich sein.

→ Die Lösungen der Aufgaben und die Auswertung findest du im Lösungsheft.

▶ Ü 57–62 Wiederholung von Aufgaben der Grundstufe I und der 3. Schulstufe
Sicherung der Basiskompetenzen

Knobelaufgabe

★ Überlege, wie du die Knobelaufgabe lösen kannst.
Vergleiche deine Lösungen mit den Lösungen anderer Kinder.
Gibt es zu einigen Aufgaben mehrere Lösungen?

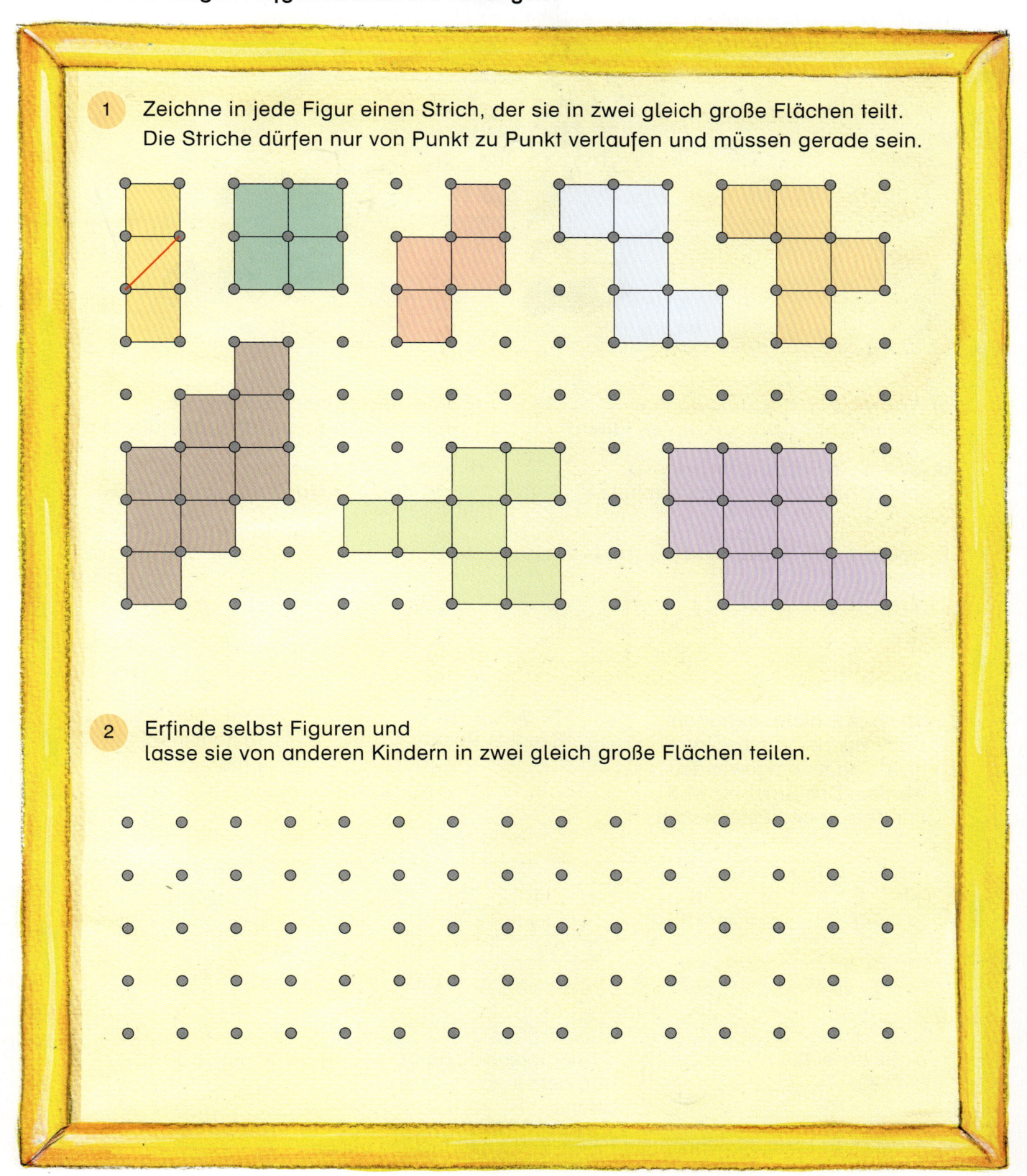

1. Zeichne in jede Figur einen Strich, der sie in zwei gleich große Flächen teilt.
Die Striche dürfen nur von Punkt zu Punkt verlaufen und müssen gerade sein.

2. Erfinde selbst Figuren und
lasse sie von anderen Kindern in zwei gleich große Flächen teilen.

Arbeitsform: ICH – DU – WIR
Die Kinder befassen sich erst einzeln mit der Aufgabe, bevor sie in Partnerarbeit oder Kleingruppen ihre Ideen
fertig entwickeln. Am Ende werden die Ergebnisse, Beobachtungen und Lösungswege in der Klasse ausgetauscht
(„Strategiekonferenz").

11. Konzentrieren beim Dividieren

Division durch 10

1 Der Bäcker füllt Krapfen in Schachteln zu je 10 Stück.

CD 2-1

a) Wie viele Schachteln kann er mit den 847 Erdbeerkrapfen füllen?

b) Wie viele Schachteln kann er mit den 592 Vanillekrapfen füllen?

c) Wie viele Schachteln kann er mit den 674 Schokokrapfen füllen?

d) Wie viele Schachteln kann er mit den 465 Marillenkrapfen füllen?

Bestimme den Stellenwert

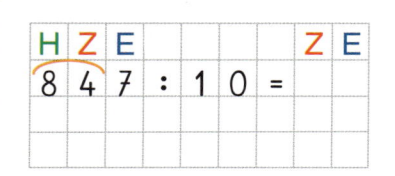

H Z E   Z E
8 4 7 : 1 0 =

10 ist in 8 nicht enthalten.
Die 8 Hunderter müssen in 80 Zehner umgewandelt werden. Das Ergebnis wird nur Zehner und Einer haben.

... und rechne mit der Kurzform der Division:

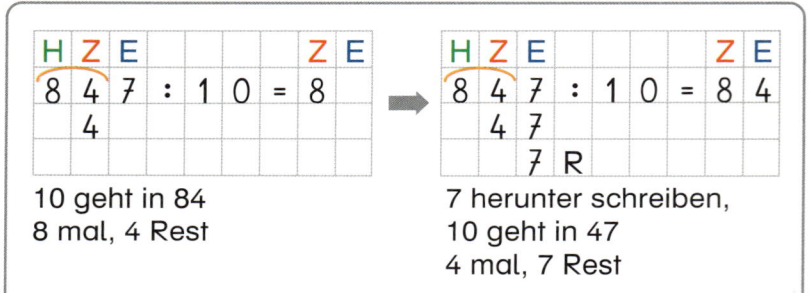

H Z E   Z E
8 4 7 : 1 0 = 8
  4

10 geht in 84
8 mal, 4 Rest

→

H Z E   Z E
8 4 7 : 1 0 = 8 4
  4 7
    7 R

7 herunter schreiben,
10 geht in 47
4 mal, 7 Rest

... oder mit der Langform der Division:

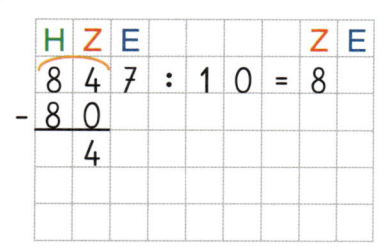

H Z E   Z E
8 4 7 : 1 0 = 8
−8 0
    4

8 mal 10 ist 80
84 − 80 = 4

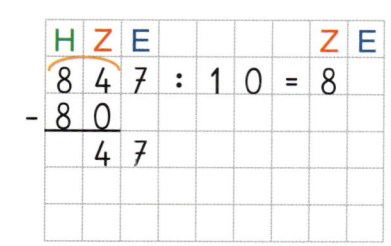

H Z E   Z E
8 4 7 : 1 0 = 8
−8 0
    4 7

7 herunter schreiben,
10 geht in 47
4 mal

H Z E   Z E
8 4 7 : 1 0 = 8 4
−8 0
    4 7
  − 4 0
      7 R

4 mal 10 ist 40
47 − 40 = 7 Rest

Antwort: Er kann 84 Schachteln füllen. 7 Krapfen bleiben übrig.

▶ Ü 63–68 Division durch ganze Zehner, Stellenwertbestimmung
1) Dazu gibt es eine mathematische Abenteuergeschichte.

11. Konzentrieren beim Dividieren

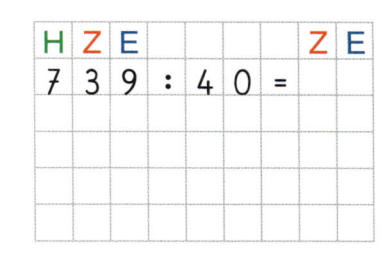

Division durch 10er-Zahlen

1 Rechne und kontrolliere selbst deine Ergebnisse.

536 : 20 =

924 : 30 =

781 : 50 =

846 : 60 =

739 : 40 =

952 : 70 =

Lösungen: | 13 R42 | 14 R6 | 15 R23 | 15 R27 | 15 R31 | 18 R19 | 26 R16 | 30 R24 |

Bestimme den Stellenwert

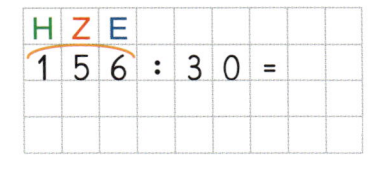

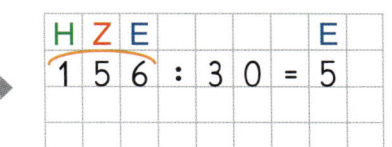

156 : 30 =

→ 156 : 30 = 5

30 geht nicht in 1
30 geht nicht in 15
30 geht in 156

Das Ergebnis wird nur Einer haben.
30 geht in 156
5 mal

Rechne die Aufgabe fertig!

2 Rechne und kontrolliere selbst deine Ergebnisse. Vorsicht bei der Stellenwertbestimmung!

a) 513 : 60   b) 219 : 50   c) 253 : 80   d) 143 : 20

Lösungen: | 3 R13 | 4 R19 | 8 R33 | 4 R21 | 5 R8 | 7 R3 |

3 Rechne mit der Kurzform oder der Langform.

a) 418 : 30   b) 502 : 10   c) 660 : 20   d) 211 : 50
299 : 50   431 : 40   308 : 60   735 : 30
725 : 20   326 : 80   752 : 10   622 : 90

Lösungen: | 4 R6 | 4 R11 | 5 R8 | 5 R49 | 5 R20 | 6 R82 | 10 R31 | 13 R28 | 24 R15 | 33 R0 | 35 R2 | 36 R5 | 50 R2 | 75 R2 |

▶ Ü 63–68   Kurz- und Langform der schriftlichen Division
Division durch ganze Zehner, Stellenwertbestimmung

11. Konzentrieren beim Dividieren

Division durch gemischte Zahlen

Langform der Division

Bestimme den Stellenwert.

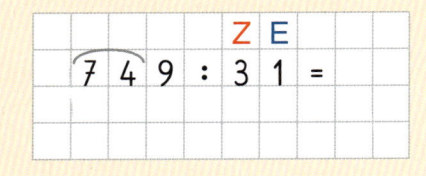

$\overline{7\,4}\,9 : 3\,1 =$ (Z E)

31 ist in 7 nicht enthalten.
31 ist in 74 enthalten.
Das Ergebnis wird Zehner und einer haben.

Überschlage mit der gerundeten Zahl!
$31 \approx 30$

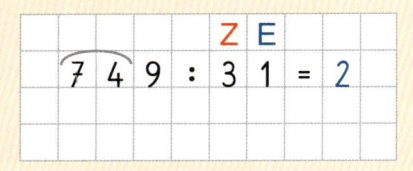

$\overline{7\,4}\,9 : 3\,1 = 2$

30 ist in 74
2 mal enthalten.

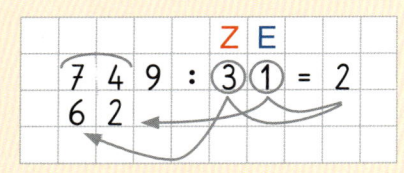

Rechne zuerst die Einer, dann die Zehner.

$\overline{7\,4}\,9 : ③①= 2$
$6\,2$

$2 \cdot 1 = 2$
$2 \cdot 3 = 6$

Rest berechnen, nächste Zahl herunterschreiben.

$\overline{7\,4}\,9 : 3\,1 = 2$
$-\,6\,2$
$1\,2\,9$

$74 - 62 = 12$
9 herunterschreiben

Überschlage mit der gerundeten Zahl!
$31 \approx 30$

$\overline{7\,4}\,9 : 3\,1 = 2\,4$
$-\,6\,2$
$1\,2\,9$

30 ist in 129
4 mal enthalten.

Rechne zuerst die Einer, dann die Zehner. Berechne wieder den Rest.

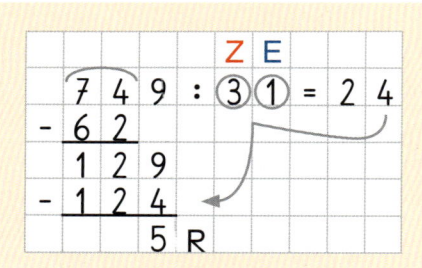

$\overline{7\,4}\,9 : ③①= 2\,4$
$-\,6\,2$
$1\,2\,9$
$-\,1\,2\,4$
$5\,R$

$4 \cdot 1 = 4$
$4 \cdot 3 = 12$
$129 - 124 = 5$
5 Rest

1 Rechne.

a) $492 : 21$
   $654 : 51$

b) $726 : 19$
   $583 : 69$

c) $912 : 22$
   $741 : 52$

d) $318 : 18$
   $932 : 98$

Lösungen: 8 R31 | 9 R50 | 10 R2 | 12 R42 | 14 R13 | 15 R15 | 17 R12 | 23 R9 | 38 R4 | 41 R10

▶ Ü 63–68 Langform der schriftlichen Division

11. Konzentrieren beim Dividieren

Division durch gemischte Zahlen — Kurzform der Division

Bestimme den Stellenwert.
7̄4̄9 : 3 1 =
31 ist in 7 nicht enthalten.
31 ist in 74 enthalten.
Das Ergebnis wird Zehner und einer haben.

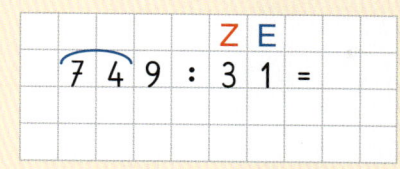

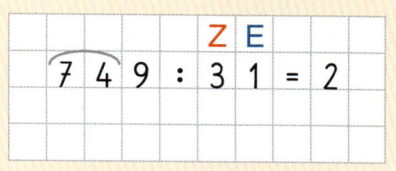

Überschlage mit der gerundeten Zahl!
31 ≈ 30
7̄4̄9 : 3 1 = 2
30 ist in 74 **2 mal** enthalten.

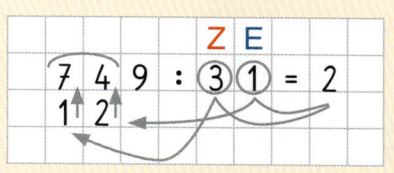

Rechne zuerst die Einer, dann die Zehner.
7̄4̄9 : ③1 = 2
1 2
2·1=2
2+2=4
2·3=6
6+1=7

Nächste Zahl herunterschreiben.
7̄4̄9 : 3 1 = 2
1 2 9

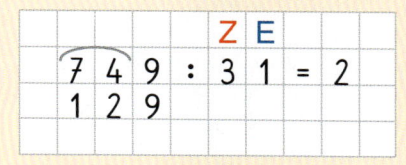

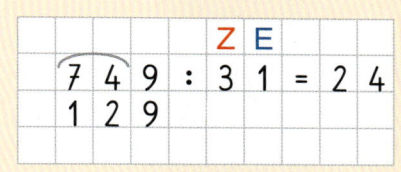

Überschlage mit der gerundeten Zahl!
31 ≈ 30
7̄4̄9 : 3 1 = 2 4
1 2 9
30 ist in 129 **4 mal** enthalten.

Rechne zuerst die Einer, dann die Zehner.
7̄4̄9 : ③1 = 2 4
1 2 9
5 R
4·1=4
4+5=9
4·3=12
12+0=12

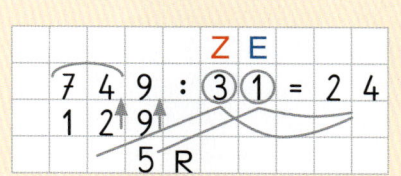

1 Rechne.

a) 806 : 31
   935 : 41

b) 324 : 39
   682 : 19

c) 420 : 72
   703 : 42

d) 546 : 28
   824 : 38

Lösungen: | 5 R60 | 8 R12 | 16 R31 | 19 R14 | 21 R4 | 21 R26 | 22 R33 | 26 R0 | 35 R17 | 36 R12 |

▶ Ü 63–68   Kurzform der schriftlichen Division

11. Konzentrieren beim Dividieren

Zu großer Überschlag

Überschlag: 20 geht in 80 4 mal.
Das geht sich nicht aus!

762 : 21 = 4

Dein Überschlag ist zu groß. Probiere es mit 3 mal.

762 : 21 = 3
13

1 Rechne.

913 : 31   964 : 49   398 : 14
448 : 23   629 : 21   559 : 28

Lösungen:
| 19 R11 | 19 R27 | 19 R33 | 21 R12 |
| 28 R6 | 28 R8 | 29 R14 | 29 R20 |

Zu kleiner Überschlag

Überschlag: 20 geht in 70 3 mal.
21 Rest, das ist mehr als 16.

691 : 16 = 3
21

Dein Überschlag ist zu klein. Probiere es mit 4 mal.

691 : 16 = 4
5

2 Rechne.

844 : 16   739 : 35   932 : 15
145 : 28   847 : 28   725 : 17

Lösungen:
| 5 R5 | 21 R4 | 22 R5 | 30 R7 |
| 42 R11 | 43 R2 | 52 R12 | 62 R2 |

Bleib in Form!

3 Rechne.

700 m + 600 m = __1 km 300 m__   2 km 500 m + 500 m = _____

900 m + 200 m = _____   6 km 900 m + 200 m = _____

650 m + 800 m = _____   4 km 100 m + 269 m = _____

Lösungen: | 1 km 100 m | 1 km 300 m | 1 km 450 m | 3 km |
| 4 km 369 m | 6 km 900 m | 7 km 100 m | 25 km 100 m |

▶ Ü 63–68   Division durch gemischte Zehner; Erarbeitung der Probleme, die beim Überschlag auftreten können.
3) Wiederholung: Rechnen mit Längenmaßen km–m

11. Konzentrieren beim Dividieren

1 Rechne.

Immer 0 Rest:	544 : 32	700 : 25	624 : 12	570 : 19
Immer 1 Rest:	433 : 24	781 : 39	474 : 43	689 : 86
Immer 2 Rest:	733 : 17	437 : 29	486 : 22	450 : 32
Immer 3 Rest:	654 : 93	693 : 15	627 : 26	871 : 31

2 Rechne.

a) 4 563 : 37
   8 748 : 28
   9 242 : 13

b) 2 222 : 34
   3 216 : 18
   8 417 : 41

c) 9 788 : 47
   7 837 : 25
   8 868 : 54

d) 9 603 : 23
   5 376 : 36
   9 854 : 19

	T	H	Z	E			H	Z	E
	4	5	6	3	: 3 7 =	1	2	3
	8	6							
		1	2	3					
			1	2	R				

Lösungen:
Bei allen Rechnungen bleibt 12 Rest.

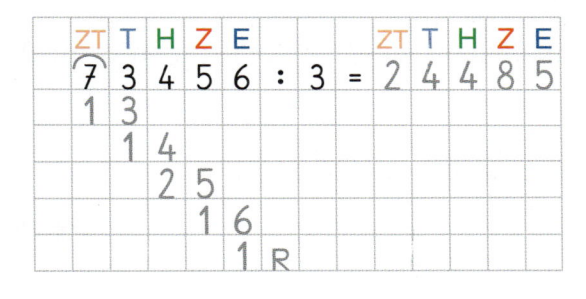

3 Rechne.

a) 73 456 : 3
   26 833 : 6
   92 513 : 7

b) 6 651 : 5
   77 699 : 2
   21 556 : 9

c) 75 025 : 4
   85 708 : 9
   31 556 : 5

d) 74 796 : 7
   6 349 : 2
   81 649 : 8

ZT	T	H	Z	E		ZT	T	H	Z	E
7	3	4	5	6	: 3 =	2	4	4	8	5
1	3									
	1	4								
		2	5							
			1	6						
				1	R					

Lösungen:
Bei allen Rechnungen bleibt 1 Rest.

4 Rechne mit Probe.

a) 326 : 5
   834 : 6
   229 : 3

b) 5 452 : 3
   6 433 : 45
   9 282 : 28

326 : 5 = 65 Rest 1
Stimmt das?

Rechne die Probe.
Ist 65 · 5 plus 1 gleich 326?

		H	Z	E			Z	E								
4a)	3	2	6	: 5 =	6	5	Probe:		6	5	·	5	
		2	6										
			1	R			3	2	5		3	2	5 + 1 = 3 2 6 ✓

▶ Ü 63–68   Übungsbeispiele zur schriftlichen Division
             Wiederholung: Probe bei der Division

11. Konzentrieren beim Dividieren

1 Tamara ist bei ihrem Onkel Alfred in der Bäckerei zu Besuch.
Um sich die Zeit zu vertreiben, denkt Sie sich Rechenaufgaben aus.
Finde passende Fragen und löse die Aufgaben in deinem Heft.

a) Onkel Alfred hat heute 720 Semmeln gebacken.
Auf ein Blech passen 6 Reihen mit je 5 Semmeln.

b) Mohnweckerl werden heute in 3er-Packungen verkauft.
175 Mohnweckerln wurden gebacken.

c) Tamara hat beim Backen der Muffins geholfen.
Es waren 16 Bleche mit je 24 Muffins darauf.

d) Tamara zählt die Kornspitze auf einem Blech.
Alfred legt sie in Reihen mit je 15 Stück auf.
Insgesamt sind 120 Kornspitze auf dem Blech.

e) Semmeln gibt es heute im Sonderangebot.
Wenn man 10 Semmeln kauft, bekommt man 2 gratis dazu.
57 Kundinnen und Kunden haben heute dieses Sonderangebot genutzt.

f) Onkel Alfred hat 47 Wachauer Laibchen gebacken.
Jedes Laibchen kostet 1,50 €.

g) Tamara hilft beim Einpacken der Krapfen.
In jeden Karton passen 24 Krapfen.
Insgesamt müssen 980 Krapfen verpackt werden.

2 **AUFGABEN-WERKSTATT**

Denke dir selbst Aufgaben rund um eine Bäckerei aus, die zu diesen Rechnungen passen.
Vergleiche deine Aufgaben mit anderen Kindern.

a) 600 : 12   b) 35 · 16   c) 65 − 27   d) 119 + 67

Bleib in Form!

3 Spiel: „Autorallye"

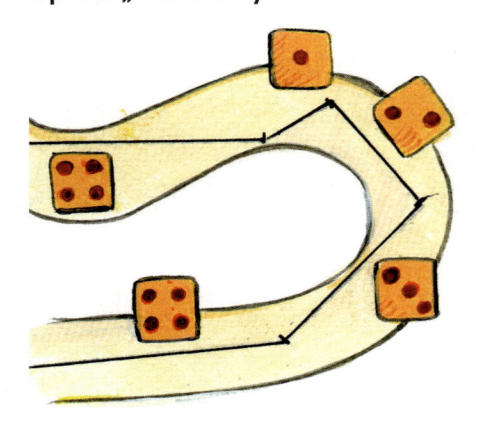

Spielregeln

Spielt zu zweit.
Zeichnet eine Rennstrecke mit ein paar Kurven
auf ein Blatt Papier und tragt Start und Ziel ein.
Würfelt abwechselnd.
Die Würfelaugen geben die Länge der Strecke
in Zentimeter an.
Tragt die gerade Strecke mit Lineal und Bleistift ein.
Wenn zu wenig Platz ist,
muss man eine Runde aussetzen.
Wer zuerst über die Ziellinie kommt, gewinnt.

▶ Ü 63–68 Anwendung der schriftlichen Division, Sachaufgaben mit allen vier Grundrechnungsarten
3) Wiederholung: Zeichnen von Strecken

12. Alles Ansichtssache

1 Die Kinder haben das Bauwerk skizziert. Wer hat welches Bild gezeichnet?
Schreibe die Namen Linn, Cedric und Philipp unter die Skizzen.

CD 2-2

| Nora | | | |

2 Cedric, Linn und Nora machen Fotos.

a) Cedrics Foto 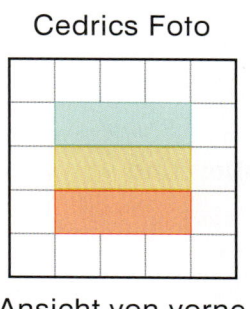 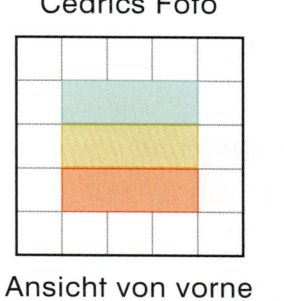 — Ansicht von vorne
Noras Foto — Ansicht von oben
Linns Foto — Ansicht von links

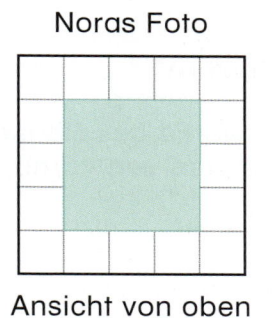

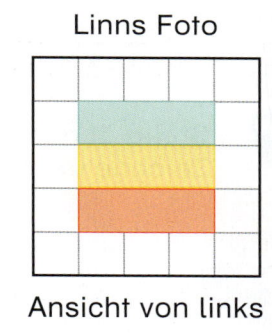

b) Zeichne, wie ihre Bilder aussehen werden.

Cedrics Foto 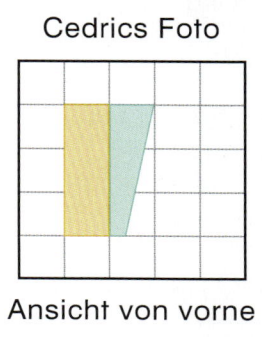 — Ansicht von vorne
Noras Foto — Ansicht von oben
Linns Foto — Ansicht von links

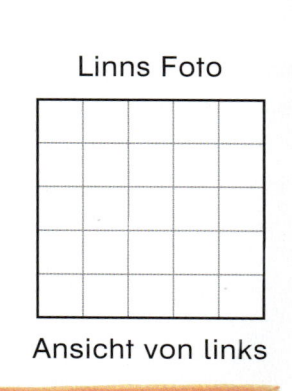

Ü 69–74 Raumvorstellung, Ansichten
1) Dazu gibt es eine mathematische Abenteuergeschichte.

12. Alles Ansichtssache

1 Wie sehen diese Bauwerke aus, wenn man sie von vorne, von oben oder von links betrachtet? Zeichne die verschiedenen Ansichten.

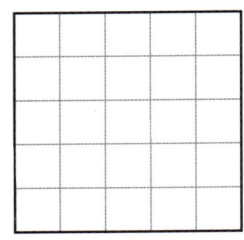

a) Ansicht von vorne — Ansicht von oben — Ansicht von links

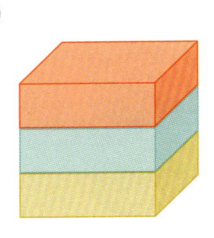

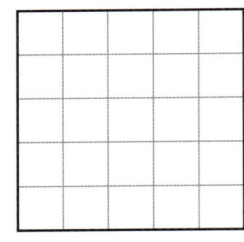

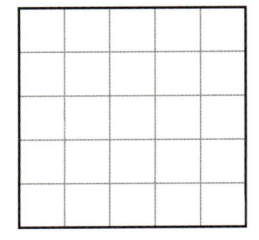

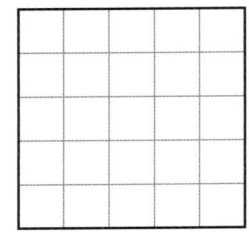

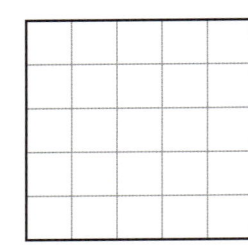

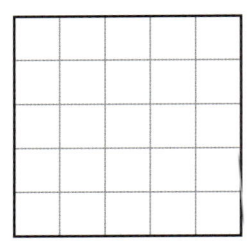

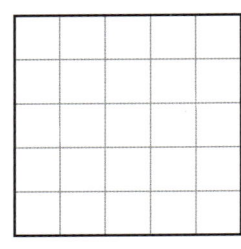

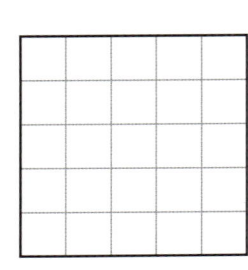

b) Ansicht von vorne — Ansicht von oben — Ansicht von links

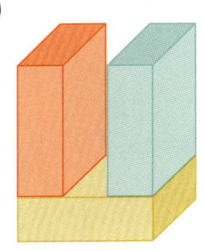

c) Ansicht von vorne — Ansicht von oben — Ansicht von links

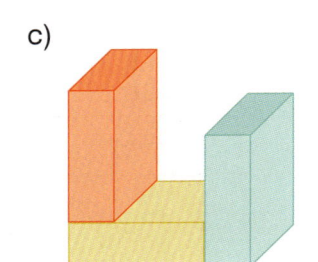

2 AUFGABEN-WERKSTATT

Stelle ähnliche Bauwerke aus Bausteinen her.
Zeichne deren Ansichten von vorne, von oben und von links.

Bleib in Form!

3 Ergänze immer auf 1 kg.

1 kg	
_____ +	50 dag
80 dag +	_____
10 dag +	_____
6 dag +	_____
_____ +	1 dag

1 kg	
_____ +	5 g
750 g +	_____
180 g +	_____
975 g +	_____
_____ +	200 g

Lösungen:

25 g	250 g	300 g
800 g	820 g	995 g
20 dag	40 dag	50 dag
90 dag	94 dag	99 dag

Ü 69–74 Raumvorstellung
2) Experimentieren mit geometrischen Körpern. Die Kinder können Bausteine aus Holz oder Kunststoff verwenden. 3) Wiederholung: Gewichtsmaße kg–dag–g

12. Alles Ansichtssache

Würfelnetz → Würfel

Quadernetz → Quader

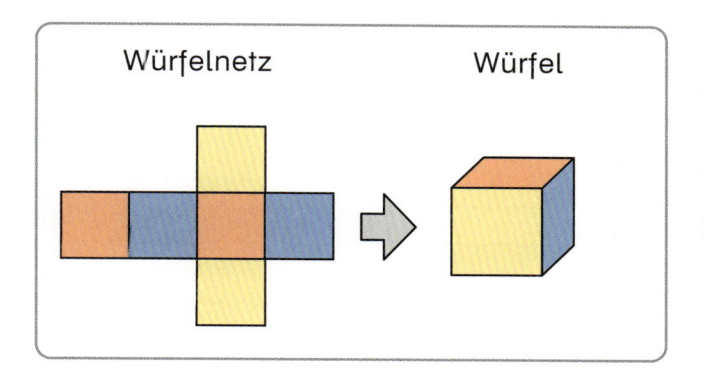

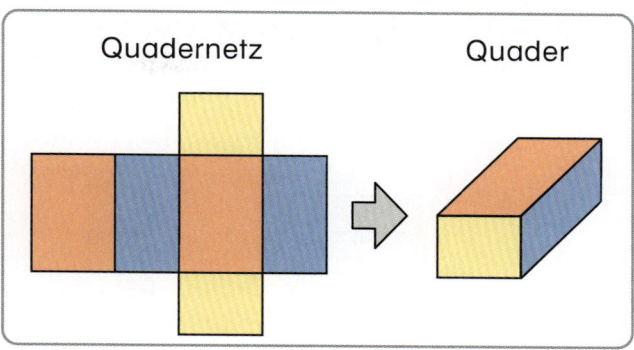

1 Finde und beschreibe die Gemeinsamkeiten von Würfel und Quader.

Beide Körper haben 8 Ecken. Beide

2 Finde und beschreibe die Unterschiede von Würfel und Quader.

3 Vergleiche deine Beschreibungen mit denen anderer Kinder.

4 Stelle einen Quader aus Tonpapier her.

⭐ a) Der Quader ist 4 cm breit,
5 cm lang und 8 cm hoch.
Achte darauf, dass dein Quadernetz Laschen zum Kleben hat.

b) Bemale ihn als Turm, Haus, Schatzkiste, …

c) Stelle dir vor, ein Mitschüler von dir ist krank.
Er möchte auch einen Quader basteln, weiß aber nicht, wie das geht.
Schreibe für ihn eine Anleitung, damit er nachlesen kann,
was er alles braucht, wie er vorgehen soll
und worauf er achten muss.

▶ Ü 69–74   Wiederholung: Netze von Quadern und Würfeln

12. Alles Ansichtssache

1 Wie viele gleich große Würfel passen in die Verpackungen?
Schreibe die Anzahl der Würfel auf die Linien darunter.

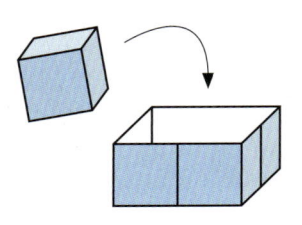

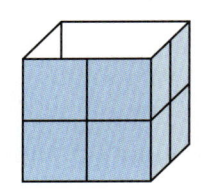

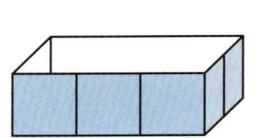

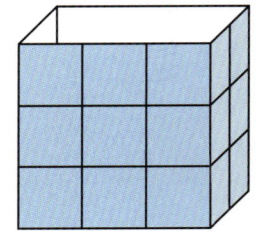

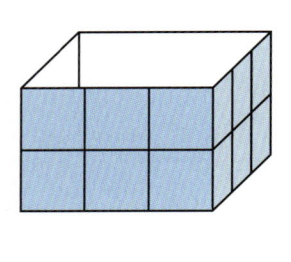

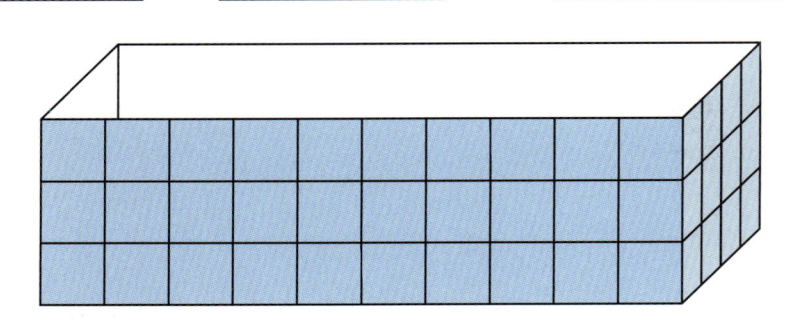

2 Aus wie vielen gleich großen Würfeln sind diese Bauwerke gebaut?

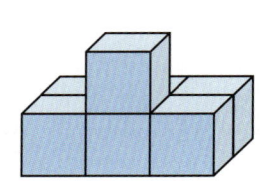

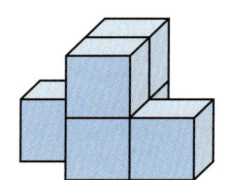

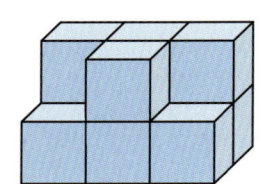

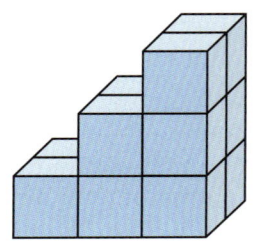

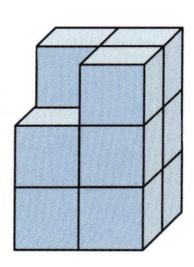

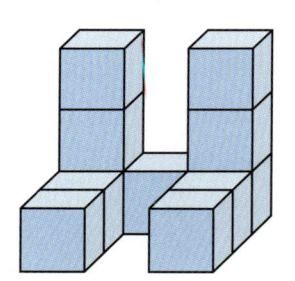

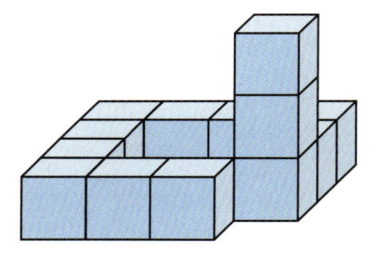

Bleib in Form!

3 Ordne die Gewichte der Größe nach. Beginne beim leichtesten Gewicht.

25 dag, 30 g, 7 g, 2 kg, 85 dag, 1 t, 214 dag, 2 dag, 18 kg

Ü 69–74 Raumvorstellung
Zur Unterstützung der räumlichen Vorstellung sollen Bausteine verwendet werden.
3) Wiederholung: Gewichtsmaße

12. Alles Ansichtssache

Miniprojekt: Getränkeverpackungen

1 **Sammeln und ordnen.**

Bringt von zu Hause möglichst viele verschiedene leere Flaschen, Dosen und Getränkekartons mit. Ordnet sie in Gruppen und macht eine Ausstellung in der Klasse.

a) Nach welchen Merkmalen kann man die Behälter gruppieren?

Material, _____

_____

b) Vergleicht eure Vorschläge.

2 **Wie viel passt hinein?**

Finde Beispiele für Getränke in dieser Verpackungsgröße und schreibe sie in die Tabelle.

$\frac{1}{4}$ l	$\frac{1}{2}$ l	$\frac{3}{4}$ l	1 l	$1\frac{1}{2}$ l	2 l
			Milch		

3 **Erstelle eine genaue Beschreibung.**

Wähle einen Behälter und beschreibe ihn so genau wie möglich.

> Die Flasche ist aus Glas.
> Es passt genau 1 Liter hinein.
> Der Boden ist rund.
> Die Form der Flasche ist unten wie ein Zylinder und oben wie ein Kegel.
> Der Verschluss ist golden und hat die Form eines Zylinders.

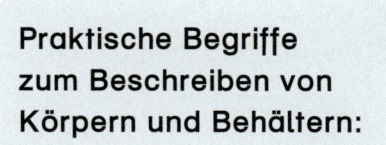

Praktische Begriffe zum Beschreiben von Körpern und Behältern:

Würfel, Quader, Zylinder, Kegel, Pyramide, Kugel, rund, eckig, der Boden ist ..., der Deckel ist ..., setzt sich zusammen aus ..., Schraubverschluss, Korken, Dosenverschluss, Glas, Plastik, Kunststoff, Blech, Karton, durchsichtig, undurchsichtig ...

4 **Vergleichen der Verpackungen.**

Gruppenarbeit.
Sucht euch verschiedene Behälter für eine Gruppe von Getränken, zum Beispiel für Säfte aus.
Vergleicht das Material, die Formen und die Größen.
Welcher Behälter gefällt euch am besten?
Findet Vor- und Nachteile der Verpackungen und stellt eure Überlegungen der Klasse vor.

▶ Ü 69–74 Wiederholung: Namen geometrischer Körper, Liter, Ordnen und Sortieren
Arbeit mit Tabellen, Diskussion über Zweckmäßigkeit und Ästhetik, Anregungen und Kopiervorlagen
1) Dieses Projekt ist auch eine gute Gelegenheit die Themen Müllvermeidung und Mülltrennung zu bearbeiten.

12. Alles Ansichtssache

1 Gianni braucht beim Kochen oft einen Viertelliter Milch, einen Achtelliter Öl oder einen halben Liter Wasser.
Damit er die Mengen schnell messen kann, verwendet er einen Messkrug.

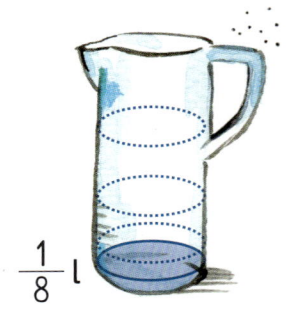

1 l $\frac{1}{2}$ l $\frac{1}{4}$ l $\frac{1}{8}$ l

a) Gestalte gemeinsam mit einem anderen Kind eine Messflasche.
Du brauchst eine leere Flasche, in die mindestens ein Liter passt, einen Messbecher, der genau einen Achtelliter fasst und einen Stift.
Überlegt gemeinsam, wie ihr die Aufgabe lösen könnt und schreibt am Ende ein Protokoll, wie ihr vorgegangen seid.

★ b) Lisa und Konrad haben auch einen Messkrug hergestellt.
Leider haben sie dabei einen Fehler gemacht.
• Finde den Fehler und besprich deine Überlegungen mit einem anderen Kind.
• Schreibe einen Brief an Lisa und Konrad, in dem du ihnen erklärst, warum ihr Messkrug nicht richtig ist.

Messkrug von Lisa und Konrad

Wir haben eine Flasche mit Wasser gefüllt,
in die genau 1 l passt. Das Wasser haben wir in den Krug geschüttet und für 1 Liter einen Strich gezeichnet.
Dann haben wir mit einem Lineal die Höhe des Striches gemessen.
Auf der halben Höhe haben wir dann den Strich für $\frac{1}{2}$ Liter gemacht.
Die Höhe für den Strich für $\frac{1}{4}$ Liter haben wir auch ausgerechnet und eingezeichnet.

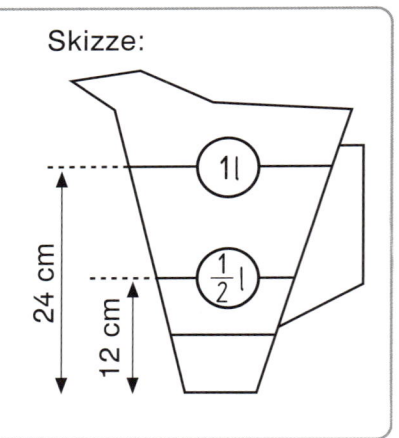

Skizze: 1 l, $\frac{1}{2}$ l, 24 cm, 12 cm

Bleib in form!

2 Kreuze die Tiere oder Gegenstände an, deren Gewicht man in Tonnen misst.

Tonne wird mit **t** abgekürzt.
1 t = 1000 kg

☐ Adler   ☐ Bagger   ☐ Ruderboot
☐ Elefant   ☐ Fahrrad   ☐ Schlauchboot
☐ Blauwal   ☐ Lastwagen   ☐ Dampfschiff
☐ Hund   ☐ Moped   ☐ Luftmatratze

▶ Ü 69–74   Liter und Bruchteile von Litern
2) Wiederholung: Gewichtsmaße, Tonne

13. Bruchstücke

1 Cedric braucht Schokolade für eine Medizin.
Er verhandelt mit den Zwergen.

a) Cedric will die Hälfte der Schokolade.
Wie viele Stücke wären das?

$\frac{1}{2}$ von 24   24 : 2 = 12

A: Das wären _____

b) Die Zwerge sind zu geizig. Cedric bittet um ein Viertel der Schokolade.
Wie viele Stücke wären das?

$\frac{1}{4}$ von 24

A: _____

c) Auch das ist den Zwergen zu viel.
Cedric darf ein Achtel der Schokolade haben.
Wie viele Stücke sind das?

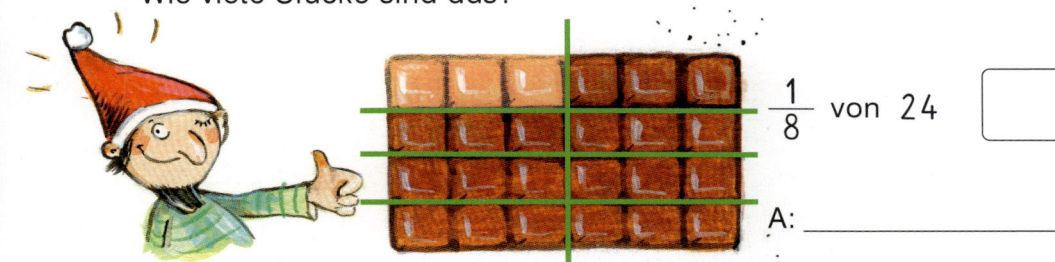

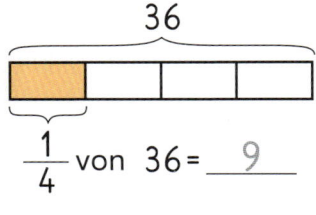

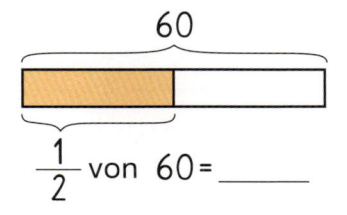

$\frac{1}{8}$ von 24

A: _____

2 Rechne.

36
$\frac{1}{4}$ von 36 = 9

60
$\frac{1}{2}$ von 60 = ____

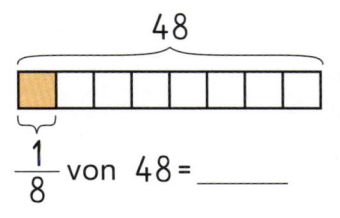

48
$\frac{1}{8}$ von 48 = ____

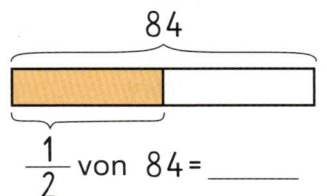

84
$\frac{1}{2}$ von 84 = ____

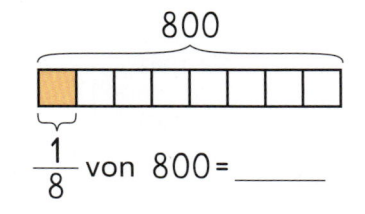

800
$\frac{1}{8}$ von 800 = ____

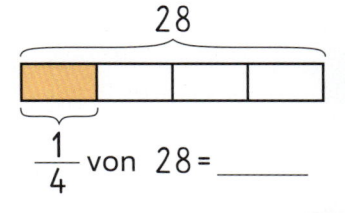

28
$\frac{1}{4}$ von 28 = ____

▶ Ü 75–79   Rechnen mit Bruchzahlen: Bruchteile eines Ganzen

13. Bruchstücke

1 Rechne.

$\frac{1}{4}$ von 36 kg = 9 kg $\frac{1}{8}$ von 56 m = _____ $\frac{1}{4}$ von 16 cm = _____

$\frac{1}{2}$ von 30 dag = _____ $\frac{1}{4}$ von 8 min = _____ $\frac{1}{2}$ von 12 h = _____

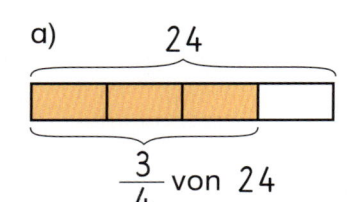

2 Rechne.

a) 24
$\frac{3}{4}$ von 24
24 : 4 = 6
3 · 6 =
$\frac{3}{4}$ von 24 = _____

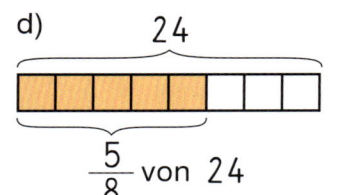

d) 24
$\frac{5}{8}$ von 24
$\frac{5}{8}$ von 24 = _____

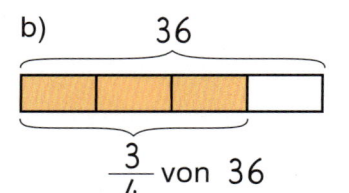

b) 36
$\frac{3}{4}$ von 36
$\frac{3}{4}$ von 36 = _____

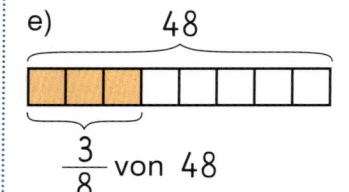

e) 48
$\frac{3}{8}$ von 48
$\frac{3}{8}$ von 48 = _____

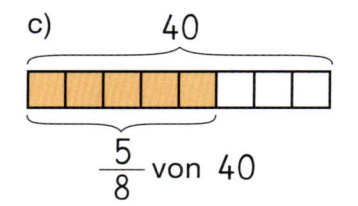

c) 40
$\frac{5}{8}$ von 40
$\frac{5}{8}$ von 40 = _____

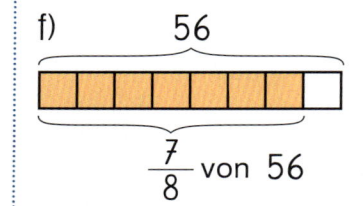

f) 56
$\frac{7}{8}$ von 56
$\frac{7}{8}$ von 56 = _____

Bleib in form!

3 Ergänze auf eine Minute oder eine Stunde.

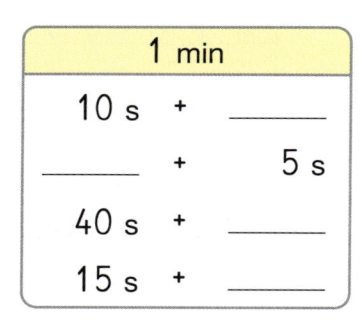

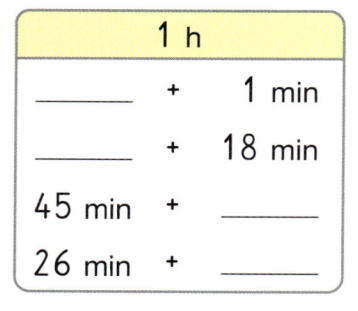

1 min
10 s + _____
_____ + 5 s
40 s + _____
15 s + _____

1 h
20 min + _____
9 min + _____
_____ + 30 min
_____ + 47 min

1 h
_____ + 1 min
_____ + 18 min
45 min + _____
26 min + _____

Abkürzungen
min ... Minute
s ... Sekunde
h ... Stunde

Umrechnungen
1 min = 60 s
1 h = 60 min

▶ Ü 75–79 Arbeiten mit Bruchzahlen: Rechnen mit Einheiten, Schließen vom Ganzen auf einen Bruchteil
3) Wiederholung: Zeitmaße, h–min–s

13. Bruchstücke

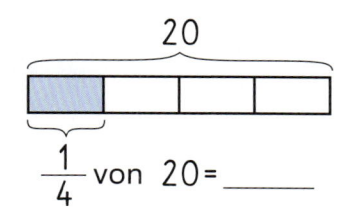

1 Rechne.

$\frac{1}{4}$ von 20 = _____ $\frac{2}{4}$ von 20 = _____ $\frac{3}{4}$ von 20 = _____

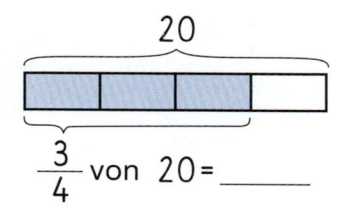

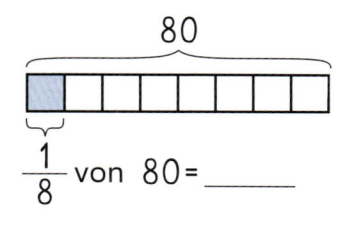

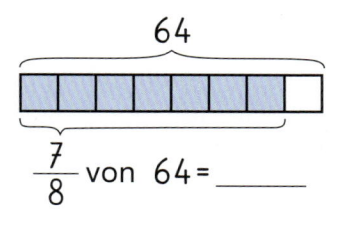

$\frac{1}{8}$ von 80 = _____ $\frac{3}{8}$ von 16 = _____ $\frac{4}{8}$ von 56 = _____

$\frac{7}{8}$ von 64 = _____ $\frac{5}{8}$ von 16 = _____ $\frac{3}{8}$ von 72 = _____

2 Rechne.

$\frac{3}{4}$ von 60 = 45 $\frac{7}{8}$ von 32 = _____ $\frac{2}{4}$ von 60 = _____ $\frac{4}{8}$ von 72 = _____

$\frac{2}{8}$ von 24 = _____ $\frac{1}{4}$ von 100 = _____ $\frac{3}{8}$ von 40 = _____ $\frac{3}{4}$ von 16 = _____

3 Berechne jeweils den Wert des Ganzen.

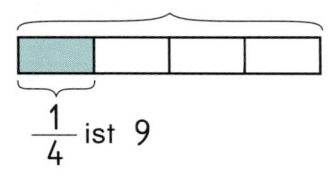

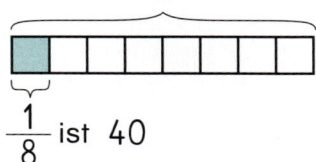

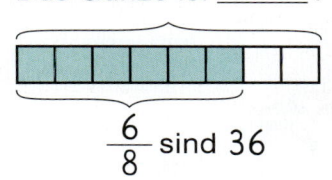

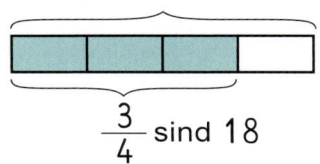

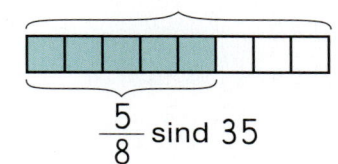

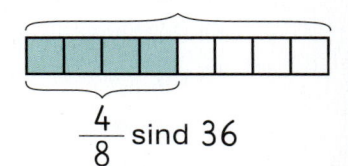

Das Ganze ist _____.   Das Ganze ist _____.   Das Ganze ist _____.

$\frac{1}{4}$ ist 9 $\frac{1}{8}$ ist 40 $\frac{6}{8}$ sind 36

Das Ganze ist _____.   Das Ganze ist _____.   Das Ganze ist _____.

$\frac{3}{4}$ sind 18 $\frac{5}{8}$ sind 35 $\frac{4}{8}$ sind 36

▶ Ü 75–79   Arbeiten mit Bruchzahlen: Schluss von der Mehrheit auf die Einheit und umgekehrt

13. Bruchstücke

1 Bestimme die Zahlen, die den bemalten Teilen der Figuren entsprechen.

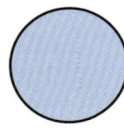

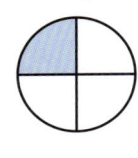

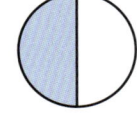

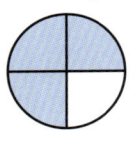

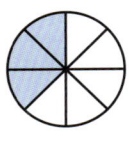

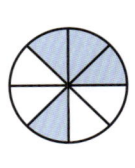

160   _____   _____   _____   _____   _____

2 Berechne.

a) Wie viele Minuten sind das?

1 h = 60 min $\frac{1}{4}$ h = _____
$\frac{1}{2}$ h = _____ $\frac{3}{4}$ h = _____

d) Wie viele Zentimeter sind das?

1 m = _____ $\frac{1}{4}$ m = _____
$\frac{1}{2}$ m = _____ $\frac{3}{4}$ m = _____

b) Wie viele Meter sind das?

1 km = _____ $\frac{1}{4}$ km = _____
$\frac{1}{2}$ km = _____ $\frac{3}{4}$ km = _____

e) Wie viele Sekunden sind das?

1 min = _____ $\frac{1}{4}$ min = _____
$\frac{1}{2}$ min = _____ $\frac{3}{4}$ min = _____

c) Wie viele Kilogramm sind das?

1 t = _____ $\frac{1}{4}$ t = _____
$\frac{1}{2}$ t = _____ $\frac{3}{4}$ t = _____

f) Wie viele Dekagramm sind das?

1 kg = _____ $\frac{1}{4}$ kg = _____
$\frac{1}{2}$ kg = _____ $\frac{3}{4}$ kg = _____

3 Schreibe die Ergebnisse in Millimetern.

$\frac{1}{2}$ von 1 cm = _____ $\frac{1}{2}$ von 6 cm = _____ $\frac{1}{4}$ von 2 cm = _____

$\frac{1}{2}$ von 3 cm = _____ $\frac{1}{2}$ von 7 cm = _____ $\frac{1}{4}$ von 10 cm = _____

Bleib in Form!

4 Kreuze die richtigen Antworten an.

a) Wie viele Stunden hat ein Tag?
☐ 12
☐ 24
☐ 60

b) Wie viele Tage hat eine Woche?
☐ 7
☐ 10
☐ 24

c) Wie viele Tage hat der Monat Jänner?
☐ 12
☐ 31

Lösung: Addiere deine Lösungszahlen von a) b) und c).
Das Ergebnis muss 62 sein.

▶ Ü 75–79   Rechnen mit Bruchzahlen und Maßeinheiten
4) Wiederholung: Zeitmaße Tag, Woche, Monat

13. Bruchstücke

1 Finde Fragen und löse die Aufgaben in deinem Heft.

a) In einer Schule sind 136 Kinder.
Ein Viertel der Kinder kommt jeden Tag zu Fuß, die anderen kommen mit dem Bus.

b) Von den 136 Kindern einer Schule hat die Hälfte der Kinder Kakao bestellt und ein Viertel der Kinder hat Milch bestellt.
Die restlichen Kinder haben nichts bestellt.

c) Sieben Achtel der 136 Kinder sind gegen Zecken geimpft.

2 Löse die Aufgaben in deinem Heft.

a) Im großen Festsaal der Schule haben mehr als 150 Kinder Platz.
Wenn alle 135 Kinder im Festsaal sitzen, sind genau drei Viertel der Plätze besetzt.
Wie viele Plätze sind noch frei?

b) In die erste Klasse geht mehr als ein Viertel der 136 Kinder.
In die zweite Klasse geht auch mehr als ein Viertel aller Kinder, aber weniger als drei Achtel.
In die dritte Klasse geht nur ein Achtel aller Kinder.
Der Rest geht in die vierte Klasse. Wie könnte die Verteilung aussehen?
Schreibe deine Antworten auf und
vergleiche deine Ergebnisse mit denen eines anderen Kindes.

3 Setze die richtigen Bruchzahlen in die Texte ein.

a) In einer Klasse sind 20 Kinder.
Fünf davon sind Mädchen.

$\frac{1}{4}$ der Kinder sind Mädchen.

☐ der Kinder sind Buben.

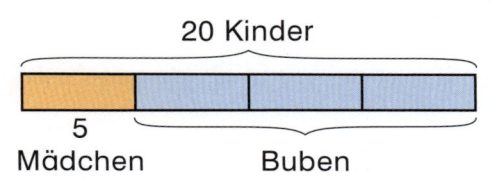

b) 80 Kinder bekommen jeden Tag ein Getränk.
70 Kinder haben Kakao bestellt, 10 Kinder bekommen Milch.

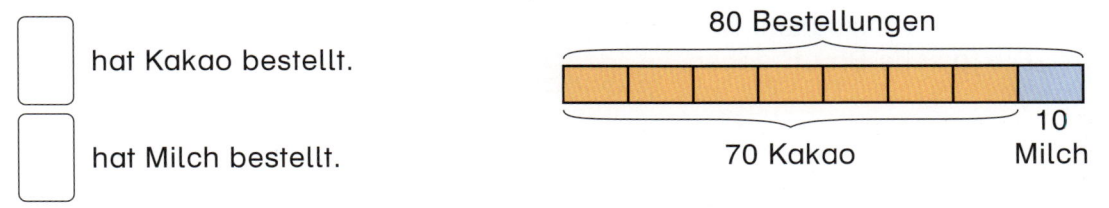

☐ hat Kakao bestellt.

☐ hat Milch bestellt.

c) In einer Klasse sind 24 Kinder.
6 von ihnen tragen eine Brille. Das sind ☐ der Kinder.

d) Für das Schultheater wurden 80 Stühle aufgestellt. 30 Stühle sind noch frei. Das sind ☐ der Stühle.

Ü 75–79 Sachaufgaben mit Bruchzahlen

14. Unterwegs

1 Cedric und seine Freundinnen und Freunde wollen den Vortrag der Pferdeflüsterer besuchen. Es ist bereits 2 Uhr am Nachmittag und sie sind noch in Bergdorf. Können sie es noch rechtzeitig zur Vorstellung schaffen?

CD 2-4

Zugfahrplan
Bergdorf → Hauptstadt

Abfahrt	Ankunft
5:32	6:57
6:45	8:10
9:16	10:47
12:00	13:40
13:29	15:02
17:16	18:50
19:41	21:08

Zentralkino Hauptstadt Kinoprogramm

14^{30} **Der Bär reißt aus** (jugendfrei, 74 Min.)

16^{00} **Die falsche Braut** (jugendfrei, 65 Min.)

18^{50} **Superganoven** (ab 12 J., 79 Min.)

20^{30} **Graf Dracula** (ab 16 J., 102 Min.)

Die letzten Pferdeflüsterer
Täglich um 16:00 Uhr im Kino Hauptstadt.

Erkläre deine Überlegungen und kreuze die richtige Antwort an.

Die Freundeschar schafft es zur Vorstellung. ☐

Die Freundeschar kommt leider zu spät. ☐

Zeitpunkt

Der Zeitpunkt gibt an, **wann** etwas geschieht.

2 Trage die Abfahrts- und Ankunftszeiten der Züge ein.

a) Die 4a Klasse der Volksschule Bergdorf möchte den Film „Der Bär reißt aus" ansehen.   Abfahrt: _____ Ankunft: _____

b) Die 4b Klasse der Volksschule Bergdorf möchte den Film „Die falsche Braut" sehen.   Abfahrt: _____ Ankunft: _____

Bleib in Form!

3 Wie groß sind diese Flächen? Kreuze die richtigen Lösungen an.

a) Eine CD ist etwa …
- ☐ 1 dm² groß.
- ☐ 1 cm² groß.
- ☐ 1 mm² groß.

b) Ein Punkt mit der Füllfeder ist etwa …
- ☐ 1 cm² groß.
- ☐ 1 mm² groß.

c) Ein Fingernagel ist etwa …
- ☐ 1 dm² groß.
- ☐ 1 dm² groß.
- ☐ 1 cm² groß.

▶ Ü 80–83   Sachaufgaben zu Zeitpunkt und Zeitdauer
1) Dazu gibt es eine mathematische Abenteuergeschichte.
3) Wiederholung: Flächenmaße, Repräsentanten für dm², cm², mm²

14. Unterwegs

Zeitdauer

Die Zeitdauer gibt an, **wie lange** etwas **dauert**.

Verwende das Kinoprogramm und den Fahrplan von Seite 88.

1 Lies das Kinoprogramm und schreibe auf, wie viele Stunden und Minuten die Filme dauern.

Der Bär reißt aus: 74 min = 1 h 14 min

Superganoven: _____

Die falsche Braut: _____

Graf Dracula: _____

> Ich rechne zuerst bis zur nächsten vollen Stunde und dann weiter.

2 Rechne aus, zu welchen Zeitpunkten die Filme enden.

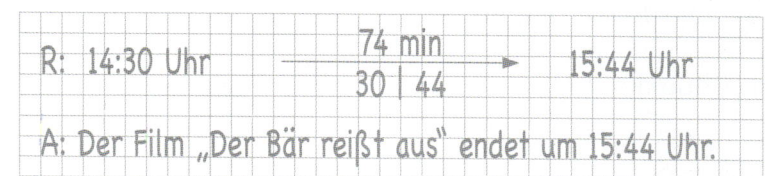

R: 14:30 Uhr —— 74 min ——▶ 15:44 Uhr
         30 | 44

A: Der Film „Der Bär reißt aus" endet um 15:44 Uhr.

3 Rechne im Heft. Verwende die Tabellen auf Seite 88.

a) Rechne aus, wie viele Minuten die einzelnen Züge von Bergdorf nach Hauptstadt fahren. Wann fährt der Zug ab, der am schnellsten ist?

b) Die 4b Klasse hat 400 € in der Klassenkasse.
Mit diesem Geld machen die 24 Kinder einen Ausflug ins Kino und sehen den Film „Der Bär reißt aus".
Die Eintrittskarten kosten pro Person 6 €, die Zugfahrt kostet 8 € pro Person.
Wie viel Euro bleibt in der Klassenkasse noch übrig?

c) Gordana ist 10 Jahre alt. Sie hat heute Lust auf Kino und möchte sich möglichst viele Filme ansehen.
Welche Filme darf sie sich in ihrem Alter ansehen und wie viele Stunden und Minuten dauern diese Filme insgesamt?

d) Bei der Vorführung des Films „Graf Dracula" gibt es eine kleine Panne.
Der Filmvorführer braucht 13 Minuten, um den Film zu reparieren.
Wie lange dauert die Filmvorführung dann mit dieser Unterbrechung?

4 **AUFGABEN-WERKSTATT**

Finde selbst eine Aufgabe zum Thema Kino und löse sie.
Vergleiche mit anderen Kindern.

▶ Ü 80–83   Sachaufgaben zu Zeitpunkt, Zeitdauer

14. Unterwegs

1 Bianca holt Carola ab. Gemeinsam wollen sie um 15:00 Uhr im Kino sein.
Wann muss Bianca von zu Hause losgehen,
damit die beiden Mädchen pünktlich ankommen?

Bianca — halbe Stunde — Carola — 20 Minuten — Kino

A: _____

2 Familie Yilmaz besucht den Nationalpark.
Es ist 11:00 Uhr. Eltern und Kinder überlegen,
welchen Rundweg sie gehen sollen.
Rechne aus, wann die Familie jeweils wieder zurück wäre.

	voraussichtliche Rückkehr
Vogelweg	13:00 Uhr
Sumpfsteg	
Trampelpfad	
Hohlweg	
Ziegensteig	

Vogelweg 2 Stunden
Sumpfsteg 1½ Stunden
Trampelpfad 7 Stunden
Hohlweg 4 Stunden
Ziegensteig 3½ Stunden

Bleib in Form!

3 Alle Flächen sind in Quadratzentimetern angegeben.
Trage sie in die Umwandlungstabelle ein und wandle sie in die einzelnen Maßeinheiten um.

	m²	dm²	dm²	cm²	cm²	
5 119 cm² →		5	1	1	9	→ 51 dm² 19 cm²
3 200 cm² →						→ _____
978 cm² →						→ _____
10 000 cm² →						→ _____
8 025 cm² →						→ _____

▶ Ü 80–83 Rechnen mit Zeitpunkt, Zeitdauer
3) Wiederholung: Flächenmaße, Umwandlung m²–dm²–cm²

14. Unterwegs

1 **AUFGABEN-WERKSTATT**

a) Schreibe eine Rechengeschichte, die zu den Texten passt und löse sie.
b) Stelle deine Rechengeschichte vor.
c) Besprecht eure Lösungen.

Das **Segelschiff Mayflower** brachte im Jahr 1620 englische Siedler nach Amerika. An Bord des Schiffes waren 102 Passagierinnen und Passagiere sowie 31 Mann Besatzung. Während der fast 14-wöchigen Überfahrt starben zwei Menschen, ein Kind kam zur Welt. Die Mayflower war 28 m lang und 9 m breit.

Die **Transatlantikregatta** startete am 8. Juni 1935 in Newport, USA. Die „Stormy Weather" gewann das Rennen knapp vor dem Schiff „Varmarie". Beide Schiffe kamen am 27. Juni 1935 in Bergen (Norwegen) an. Das deutsche Segelschiff „Störtebecker" war am langsamsten. Es brauchte für die Überfahrt 35 Tage.

Ein **Kreuzfahrtschiff** braucht für die knapp 6 000 km lange Strecke von Southampton (England) bis New York (USA) sieben Tage. Viele Kreuzfahrten dauern jedoch viel länger, da mehrere Häfen angelaufen werden, in denen die Gäste aussteigen können, um Sehenswürdigkeiten zu besuchen.

2 Schreibe die Rechengeschichte weiter, stelle eine mathematische Frage und löse sie.

> Auf ein Kreuzfahrtschiff passen 3264 Gäste und 1185 Besatzungsmitglieder. Der Chefkoch ...

3 Was sagst du dazu?

Elinor schreibt:

> Ein Kreuzfahrtschiff braucht eine Woche bis Amerkia.
> Ich bin sicher, dass Schiffe in 50 Jahren doppelt so schnell sind und die Strecke in zwei Wochen schaffen.

▶ Ü 80–83 Eigene Aufgaben zu einer Sachsituation finden, Lösungswege erarbeiten und die Aufgaben lösen.

14. Unterwegs

Multiplikation mit Komma

Möglichkeit 1:
Alle Beträge in Cent umrechnen.
5,96 € = 596 Cent

```
  5 9 6 · 5
    4 3
  ─────────
  2 9 8 0
```
2980 c = 29,80 €

Möglichkeit 2:
Mit Komma rechnen.

```
     € c c
   5,9 6 · 5
     4 3
  ──────────
   2 9,8 0 €
```

1 Herr Vukovic kauft 5 Paar Radsportsocken.
Im Sonderangebot kostet ein Paar 4,97 €.
Wie viel bezahlt er?

2 Rechne.

5,16 € · 3 =   1,99 € · 7 =   62,45 € · 4 =

9,22 € · 5 =   23,98 € · 2 =   1,99 € · 8 =

Lösungen:

13,93 €	15,48 €
15,92 €	46,10 €
47,96 €	48,30 €
136,24 €	249,80 €

3 Sabine und Thomas planen einen Fahrradausflug.
Bevor es losgeht, gehen sie in die Werkstatt,
lassen ihre Räder in Ordnung bringen und kaufen ein,
was ihnen fehlt.
Finde Fragen, rechne und schreibe die Antworten in dein Heft.

a) Sabine braucht einen Helm. Der billigste Helm kostet 29,90 €.
   Ihr gefällt aber ein Helm, der genau das Doppelte kostet.

b) Thomas möchte einen neuen Sattel. Ein Sportsattel ist gerade im Angebot.
   Er kostet statt 49,50 € nur 37,90 €.

c) Der Mechaniker stellt bei beiden Rädern die Bremsen und die Gänge neu ein.
   Das kostet pro Rad 17 Euro.

Bleib in Form!

4 Ergänze die fehlenden Angaben.

a) Quadrat:
   s = 12 cm
   u = _____
   A = _____

b) Quadrat:
   s = _____
   u = 32 m
   A = _____

c) Rechteck:
   l = _____   A = 64 dm²
   u = _____   b = 4 dm

Ü 80–83   Gemischte Sachaufgaben
4) Wiederholung: Fläche und Umfang bei Rechteck und Quadrat

15. Zeig, was du kannst!

Division

1 Rechne.

CD 2-5

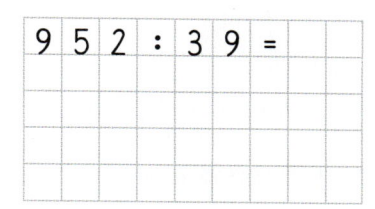

572 : 10 =

356 : 20 =

791 : 70 =

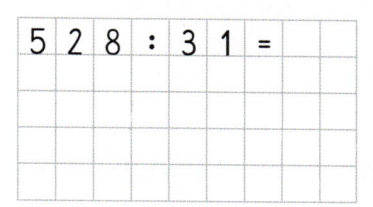

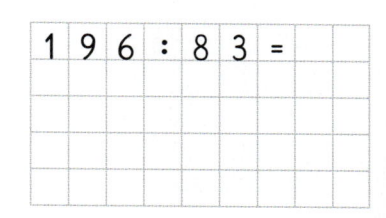

865 : 21 =

952 : 39 =

528 : 31 =

471 : 15 =

609 : 23 =

196 : 83 =

Lösungen: | 2 R30 | 3 R11 | 11 R21 | 17 R1 | 17 R16 | 24 R16 |
| 26 R11 | 31 R6 | 41 R4 | 57 R2 | 58 R3 |

2 Rechne den Überschlag und ordne die Ergebnisse den Divisionen zu.

812 : 72 — 11 Rest 20

197 : 4 — 6 Rest 9

579 : 95 — 49 Rest 1

Hole dir deinen Stern! 11

3

a) Die Zahlen sind in Stellenwertschreibweise angegeben.
Löse diese Aufgaben in deinem Heft.

→ Dividiere 2 H 4 Z 5 E durch 5 E und rechne die Probe.

→ Dividiere 4 T 3 H 1 Z durch 8 E und rechne die Probe.

→ Dividiere 5 H 9 Z 2 E durch 2 Z und rechne die Probe.

b) 220 Autos sollen auf einen Zug verladen werden.
Auf einem Wagon haben 12 Autos Platz.
Wie viele Wagons muss der Zug mindestens haben?

→ Die Lösungen der Aufgaben und die Auswertung findest du im Lösungsheft.

▶ Ü 84–88   1) Dazu gibt es eine mathematische Abenteuergeschichte.
5) Selbsttest: Die Kinder überprüfen ihre Ergebnisse anhand der Lösungen im Lösungsheft

15. Zeig, was du kannst!

Geometrie

1 Schau das Bauwerk an und zeichne auf, wie es aussieht, wenn man es von vorne, von oben oder von links betrachtet.

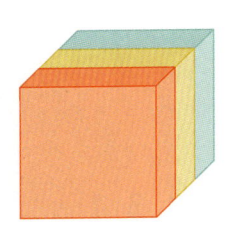

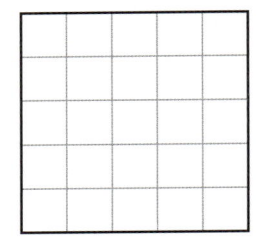

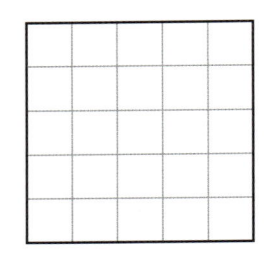

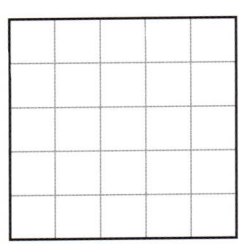

Ansicht von vorne   Ansicht von oben   Ansicht von links

2 Aus wie vielen Würfeln bestehen diese Bauwerke?

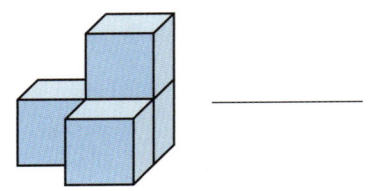

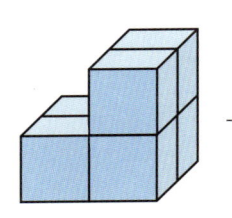

Hole dir deinen Stern!   12

3

a) Wie viele Würfel passen in die Verpackungen?

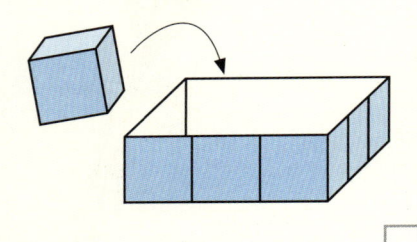

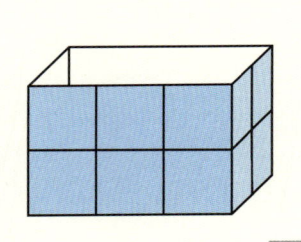

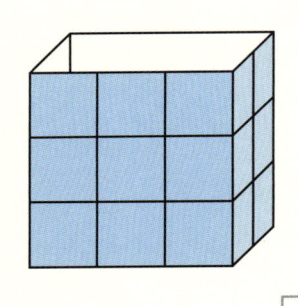

b) Welche Körper lassen sich aus diesen Vorlagen falten? Kreuze an.

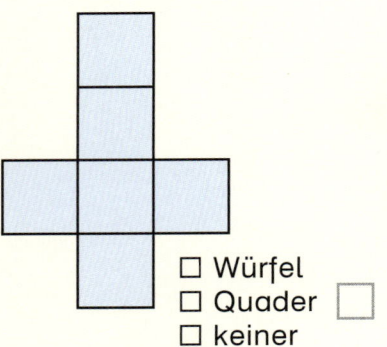

☐ Würfel   ☐ Würfel   ☐ Würfel
☐ Quader   ☐ Quader   ☐ Quader
☐ keiner   ☐ keiner   ☐ keiner

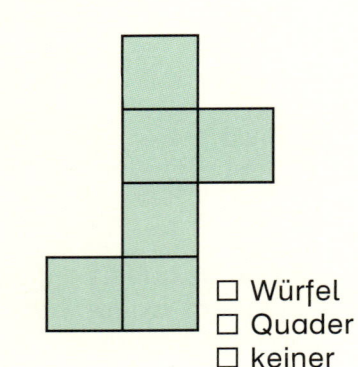

→ Die Lösungen der Aufgaben und die Auswertung findest du im Lösungsheft.

▶ Ü 84–88   Wiederholung: geometrische Körper, Netze

15. Zeig, was du kannst!

Bruchzahlen

1 Ergänze die fehlenden Zahlen.

$\frac{2}{4} = \frac{\Box}{2}$ $\quad\quad$ $\frac{2}{8} = \frac{1}{\Box}$ $\quad\quad$ $\frac{\Box}{2} = \frac{4}{8}$ $\quad\quad$ $\frac{6}{8} = \frac{\Box}{4}$ $\quad\quad$ $\frac{1}{\Box} = \frac{2}{4}$

2 Rechne.

$\frac{1}{2}$ von 30 € = _____ $\quad\quad$ $\frac{1}{4}$ von 24 m = _____ $\quad\quad$ $\frac{1}{2}$ von 84 kg = _____

$\frac{1}{8}$ von 56 t = _____ $\quad\quad$ $\frac{3}{4}$ von 100 cm = _____ $\quad\quad$ $\frac{1}{2}$ von 1 dm = _____

$\frac{1}{2}$ von 3 m = _____ $\quad\quad$ $\frac{2}{4}$ von 12 t = _____ $\quad\quad$ $\frac{5}{8}$ von 16 km = _____

3 Bestimme die Zahlen, die den bemalten Teilen der Figuren entsprechen.

32

4 Hole dir deinen Stern! 13

a) Bestimme die Zahlen, die den bemalten Teilen der Figuren entsprechen.

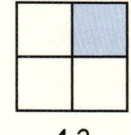

12

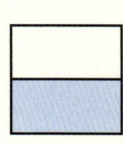

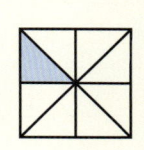

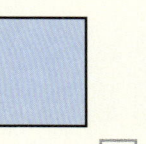

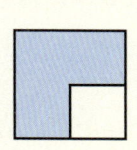

b) Frau Gassner gewinnt mit einem Glückslos 1000 €.
Sie erzählt über ihre Pläne:

„Die Hälfte des Gewinns lege ich auf ein Sparbuch.
Um ein Viertel der Summe kaufe ich neue Kleidung.
Den Rest des Geldes verwende ich für einen Wochenendausflug."

Wie viel Euro bleiben für den Ausflug?

➜ Die Lösungen der Aufgaben und die Auswertung findest du im Lösungsheft.

▶ Ü 84–88 Wiederholung: Bruchrechnen

15. Zeig, was du kannst!

Sachaufgaben

1 Markus steht in der Küche.
Er kocht und bäckt. Hilf ihm beim Rechnen.

a) Markus kocht Gulasch.
Es ist halb zehn Uhr am Vormittag.
Das Gulasch soll noch drei Stunden lang ziehen.
Wann ist es fertig?

b) Es ist 14:55 Uhr.
Markus hat gerade Nudeln in einen Topf Wasser gegeben.
Auf der Packung steht: 12 Minuten Kochzeit.
Um wie viel Uhr sind die Nudeln fertig?

2 Erfinde eine Rechengeschichte,
in der folgende Wörter und Zeitangaben vorkommen.
[Zug] [Ankunft 18:05 Uhr] [15 Minuten Verspätung] [Abfahrt]

3 Anita schaut einen Videofilm an.
Sie schaltet den Film um halb sieben am Abend ein.
Der Film dauert 87 Minuten.

Anita rechnet:
Von halb sieben bis sieben Uhr ist es eine halbe Stunde.
Dann bleiben noch 27 Minuten Spielzeit übrig.
Also endet der Film um 19:27 Uhr.

a) Wo hat sich Anita verrechnet?

b) Löse die Aufgabe selbst richtig.

Hole dir deinen Stern! 14

4 Rechne und schreibe kurze Antworten.

a) Familie Huber und Familie Erdan fahren mit dem Auto zum Tierpark.
Sie fahren um 14:30 Uhr los. Wann kommen sie beim Tierpark an,
wenn die Fahrt 45 Minuten dauert?

b) Peter nimmt an einem Marathonlauf teil. Der Start ist um 10:00 Uhr.
Peter kommt um 13:37 Uhr ins Ziel. Berechne seine Laufzeit.

→ Die Lösungen der Aufgaben und die Auswertung findest du im Lösungsheft.

▶ Ü 84–88   Wiederholung: Zeitpunkt und Zeitdauer

15. Zeig, was du kannst!

Das kann ich schon!

Hole dir deinen Stern! | 15

1

Die Tabelle zeigt, wie viele Kinobesucherinnen und Kinobesucher die einzelnen Filme gesehen haben.

	Mo	Di	Mi	Do	Fr	Sa	So
Hans im Glück	125	132	105	120	265	290	103
Kater Mauz	110	145	98	185	241	289	117
Fliegende Mimi	98	102	124	117	231	256	132
Erna lacht	76	100	124	89	158	207	65

Summe: ☐ ☐ ☐ ☐ ☐ ☐ ☐

a) Rechne aus, wie viele Leute jeden Tag im Kino waren.

b) Stelle die Summen in einem Diagramm dar. 100 Personen entsprechen 1 cm.

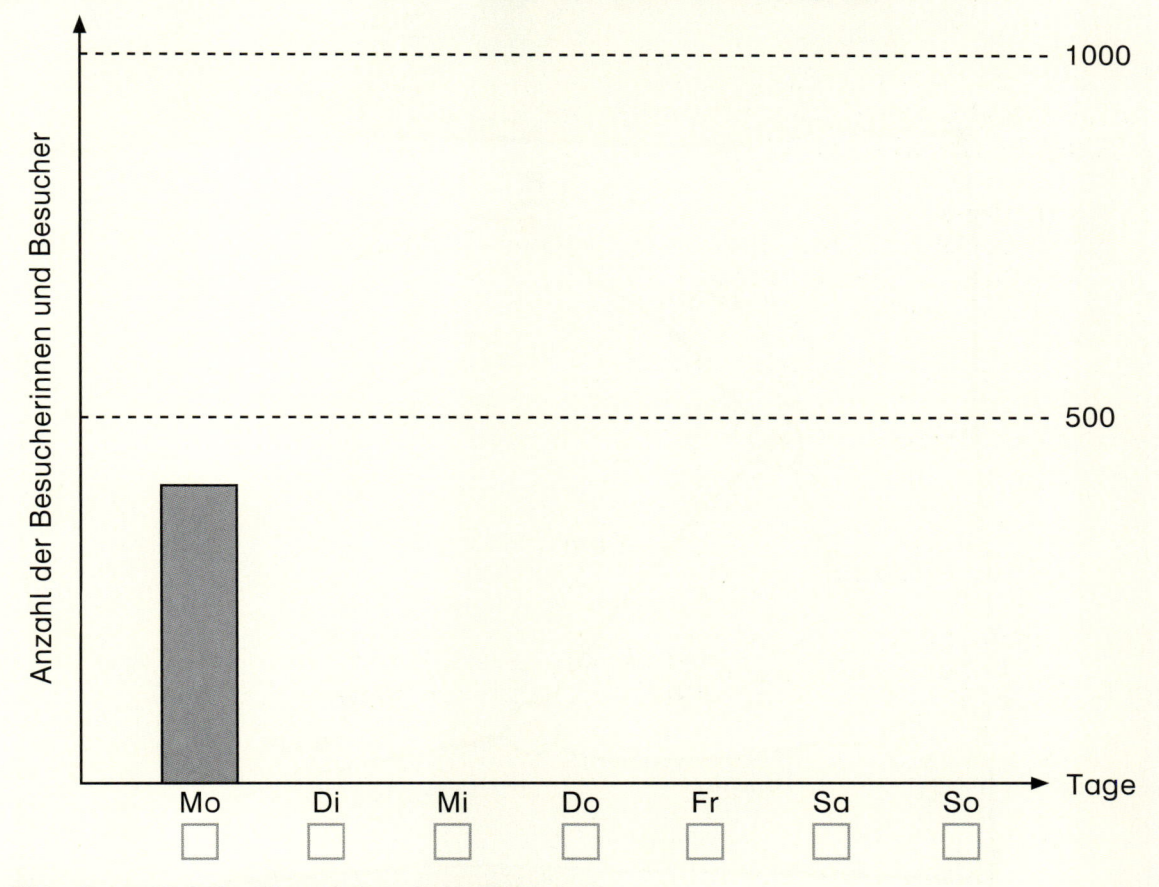

c) Was fällt dir auf? Schreibe einige Aussagen auf, die du aus dem Diagramm ablesen kannst.

→ Die Lösungen der Aufgaben und die Auswertung findest du im Lösungsheft.

▶ Ü 84–88 Wiederholung: Tabellen und Diagramme

Knobelaufgabe

★ Überlege, wie du die Knobelaufgabe lösen kannst.
Vergleiche deine Lösungen mit den Lösungen anderer Kinder.
Gibt es zu einigen Aufgaben mehrere Lösungen?

1 Wo stehen diese Wegweiser?

Nächster Ort: 16 km
Nächster Ort: 18 km
Übernächster Ort: 36 km
Nächster Ort: 18 km
Nächster Ort: 18 km
Nächster Ort: 17 km

B — 17 km — A
19 km
C
16 km   17 km
D — 18 km — E — 18 km — F

Arbeitsform: ICH – DU – WIR
Die Kinder befassen sich erst einzeln mit der Aufgabe, bevor sie in Partnerarbeit oder Kleingruppen ihre Ideen fertig entwickeln. Am Ende werden die Ergebnisse, Beobachtungen und Lösungswege in der Klasse ausgetauscht („Strategiekonferenz").

16. Viel Platz für dich und mich

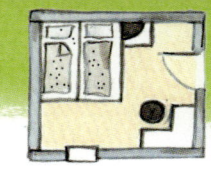

1 Finde heraus, welches Zimmer größer ist.
Linn bekommt das Zimmer 202 und Cedric das Zimmer 201.
Die beiden streiten miteinander. Linn glaubt, dass Cedric das größere Zimmer bekommt.
Cedric meint, dass das Zimmer von Linn größer ist.

CD 2-6

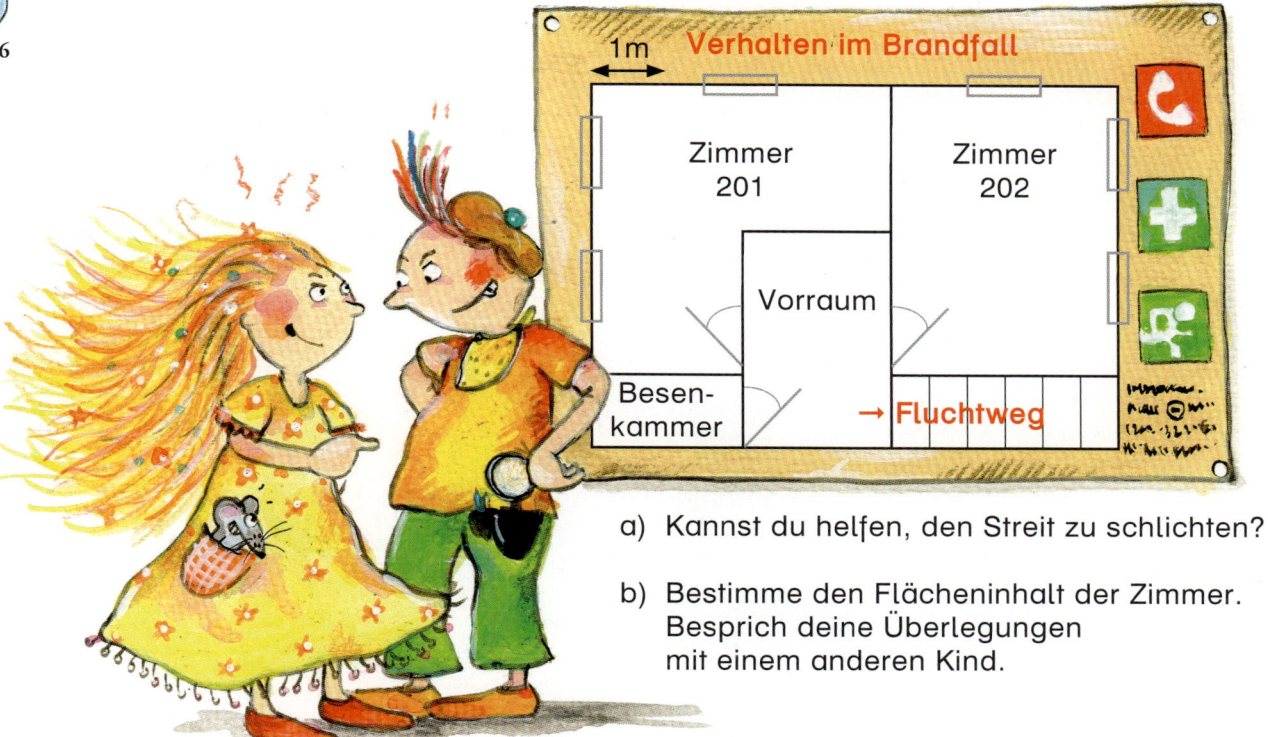

a) Kannst du helfen, den Streit zu schlichten?

b) Bestimme den Flächeninhalt der Zimmer.
Besprich deine Überlegungen
mit einem anderen Kind.

2 Berechne den Flächeninhalt dieser Figur auf zwei verschiedene Arten.
Vergleiche die Rechenwege. Welcher ist für dich einfacher?

Die Figur kann man mit Trennstrichen in kleinere Formen
wie Rechtecke oder Quadrate zerlegen.

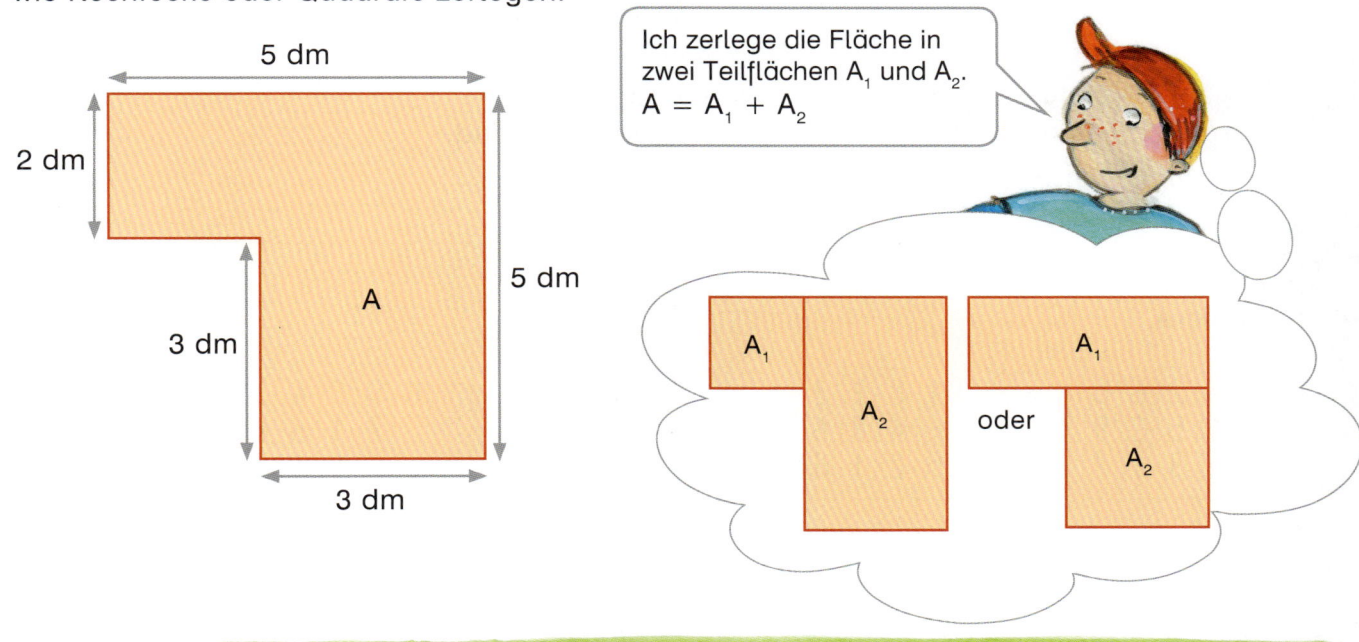

Ich zerlege die Fläche in zwei Teilflächen A_1 und A_2.
$A = A_1 + A_2$

▶ Ü 89–94 Flächeninhalte zusammengesetzter Flächen berechnen
1) Dazu gibt es eine mathematische Abenteuergeschichte.

16. Viel Platz für dich und mich

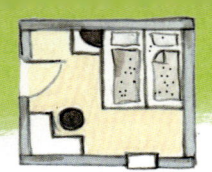

1 Berechne den Umfang und den Flächeninhalt dieser Figuren.

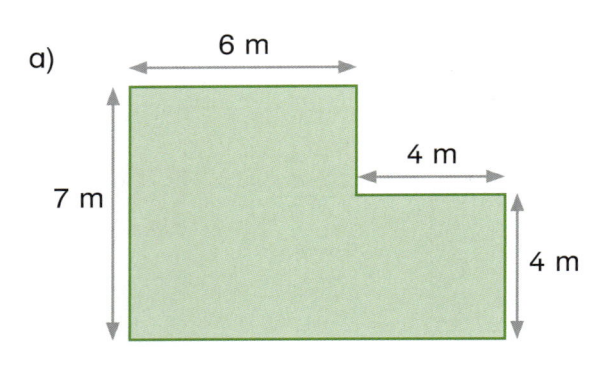

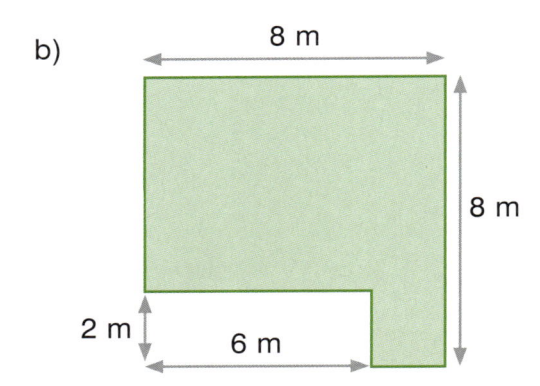

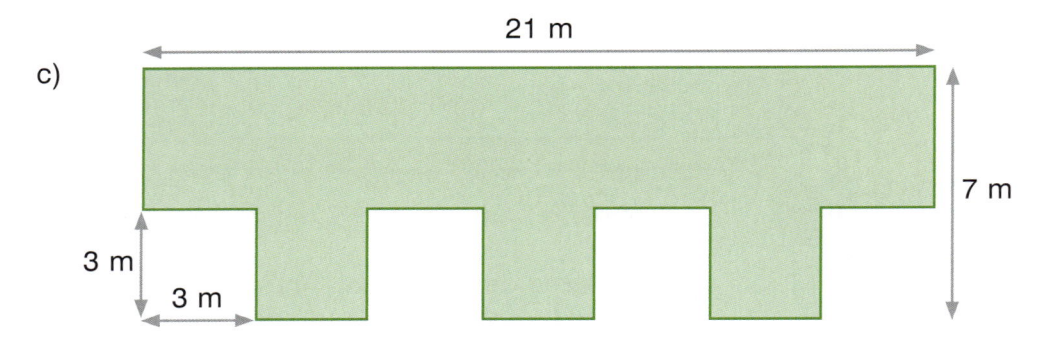

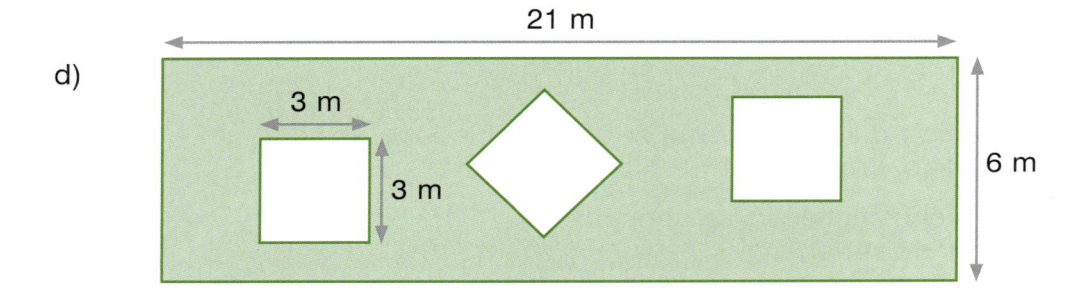

a) 6 m, 7 m, 4 m, 4 m

b) 8 m, 8 m, 2 m, 6 m

c) 21 m, 7 m, 3 m, 3 m

d) 21 m, 6 m, 3 m, 3 m

2 Wie hast du die Aufgaben gelöst? Mache Skizzen.
Vergleiche deine Lösungswege mit einem anderen Kind.
Was fällt euch auf?

Bleib in Form!

3 Addiere.

```
  8 2 6 5        1 8 7 2          9 2 5       6 9 0 4 3       1 4 8 3 2
  1 5 0 9          4 8 6        2 4 7 3           7 1 6 6         2 1 4 6
  4 3 1 7        5 2 1 6        8 0 5 5             5 4 7       5 9 3 8 0
```

Lösungen: 7 574   11 453   14 091   15 912   16 358   76 358   76 756

▶ Ü 89–94   Rechnen mit zusammengesetzten Flächen
3) Wiederholung: schriftliche Addition

100

16. Viel Platz für dich und mich

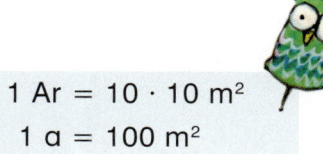

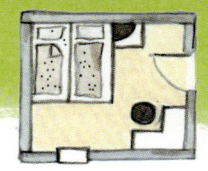

1 Ar = 10 · 10 m²
1 a = 100 m²

Ein Ar ist der Flächeninhalt eines Quadrats mit 10 m Seitenlänge.

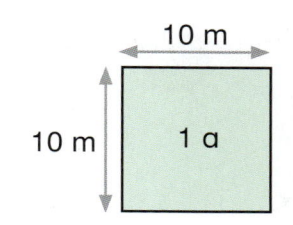

Dieser Spielplatz ist etwa ein Ar groß.

1 Wandle in Ar um.

100 m² = __1 a__   900 m² = _____   6 000 m² = _____   700 m² = _____
600 m² = _____   1 000 m² = _____   400 m² = _____   2 000 m² = _____

2 Wandle um.

	a		m²	
	4	5	7	3

4 573 m² = 4 5 7 3 = 45 a 73 m²   623 m² = _____
280 m² = _____ = _____   3 963 m² = _____
1 838 m² = _____ = _____   2 400 m² = _____
506 m² = _____ = _____   148 m² = _____

3 Berechne für jedes dieser Felder den Umfang und den Flächeninhalt.
Gib den Flächeninhalt in Ar und Quadratmeter an.

a) **Rechteck**
   l = 80 m
   b = 30 m

b) **Quadrat**
   s = 40 m

c) **Rechteck**
   l = 78 m
   b = 65 m

d) **Quadrat**
   s = 59 m

4 Ein rechteckiges Kartoffelfeld hat einen Flächeninhalt von 2 a 40 m².
Wie lang und wie breit könnte dieses Feld sein?

a) Finde drei verschiedene Möglichkeiten.
b) Besprich deine Lösungen mit einem anderen Kind.

5 Ein Bauer verkauft einen Acker. Der Acker ist 13 a 68 m² groß.
Für einen Quadratmeter verlangt der Bauer 19 €.
Wie viel kostet der Acker?

Ü 89–94   Rechnen mit Flächen, Flächenmaß Ar

16. Viel Platz für dich und mich

1 Hektar = 100 Ar = 100 · 100 m²
1 ha = 100 a = 10 000 m²

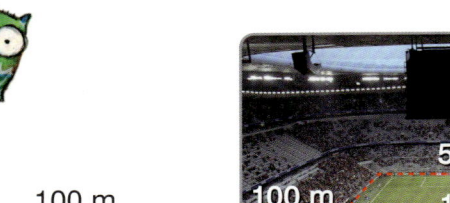

Ein Hektar ist der Flächeninhalt eines Quadrats mit 100 m Seitenlänge.

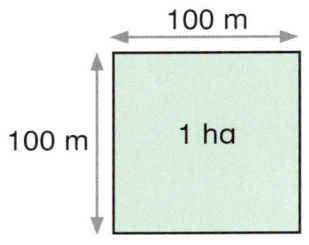

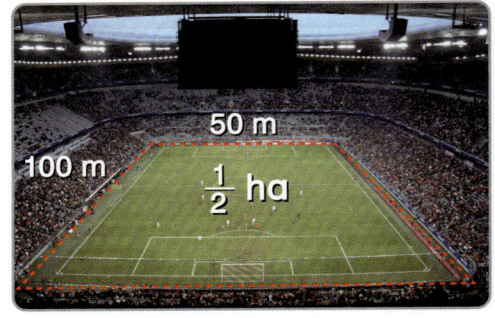

100 m · 100 m = 1 ha

Ein Fußballplatz ist etwa $\frac{1}{2}$ ha groß.

1 Setze die Zeile fort.

Ar, Hektar, Ar, _____

2 Wandle in Hektar um.

300 a = _3 ha_   4 000 a = _____   100 a = _____   6 000 a = _____

700 a = _____   9 000 a = _____   2 000 a = _____   500 a = _____

3 Wandle um.

	ha	a	m²
13 650 m² =	1	36	50	= 1 ha 36 a 50 m²
24 800 m² =				= _____
70 180 m² =				= _____
16 438 m² =				= _____

4 Ein rechteckiges Maisfeld ist 230 m lang und 85 m breit.

a) Wie viele Quadratmeter hat das Feld?

b) Der Bauer schätzt die Fläche auf 2 ha. Um wie viele Quadratmeter ist das Feld kleiner oder größer?

Bleib in form!

5 Subtrahiere.

```
  7 2 5 4        9 5 1 6        6 2 0 8 6        9 6 8 2 2
- 1 0 3 8      - 4 8 6 7      -   2 8 5 9      - 5 3 7 9 1
```

Lösungen: 4 649 | 5 319 | 6 216 | 43 031 | 45 010 | 59 227

▶ Ü 89–94 Rechnen mit Flächen, Flächenmaß Hektar
5) Wiederholung: schriftliche Subtraktion

16. Viel Platz für dich und mich

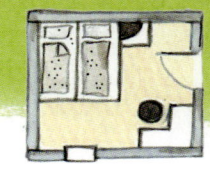

1 Quadratkilometer = 100 Hektar
1 km² = 100 ha

Ein Quadratkilometer ist der Flächeninhalt eines Quadrats mit 1 km Seitenlänge.

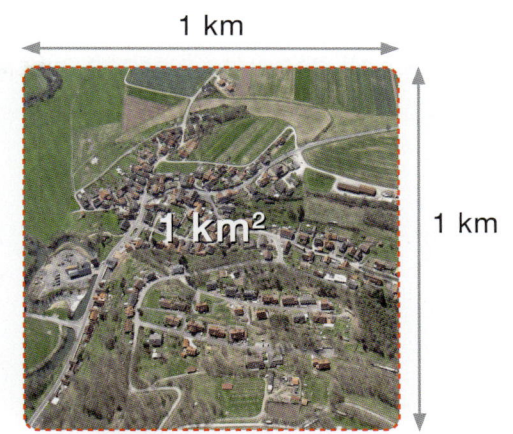

Ein Quadratkilometer ist etwa die Fläche eines Dorfes.

1 Wandle in ha um.

2 km² = _____   10 km² = _____

6 km² = _____   3 km² = _____

2 Wandle in km² um.

400 ha = _____   1 700 ha = _____

800 ha = _____   9 300 ha = _____

3 Ein rechteckiges Rübenfeld ist 145 m lang und 39 m breit.

a) Wie viele Quadratmeter hat das Feld?

b) Der Bauer schätzt die Fläche auf $\frac{1}{2}$ ha.
Um wie viele Quadratmeter ist das Feld kleiner oder größer?

4 Löse die Aufgaben in deinem Heft.

a) Ein Wald ist 72 ha groß. Ein Viertel davon ist Fichtenwald, ein Achtel ist Tannenwald und der Rest ist Mischwald.
Berechne, wie viele Hektar jeweils Fichten-, Tannen- und Mischwald sind.

b) Zu einem Bauernhof gehören 128 Hektar Grund.
Die Hälfte davon sind Felder.
Drei Viertel dieser Felder sind mit Mais bepflanzt.
Der Bauer schätzt die Fläche der Maisfelder auf 50 ha.
Berechne, wie viele ha es genau sind.

c) Zu einem Kloster gehören 2 km² Grund.
Ein Viertel davon ist Wald, auf dem Rest wird Wein angebaut.
Wie viele ha groß ist die Weinanbaufläche?

d) Ein Bauer hat 140 ha Wald und 260 ha Felder.
Wie groß ist sein gesamter Grund in Quadratkilometern?

5 Ein quadratisches Weizenfeld ist 300 Meter lang.

a) Wie viele Hektar hat das Feld?

b) Der Bauer rechnet bei der Ernte mit 750 kg Weizen pro Hektar.
Wie viele Tonnen und Kilogramm Weizen sind das für das ganze Feld?

▶ Ü 89–94   Rechnen mit Flächen, Flächenmaß Hektar

17. Ornamente

1 Cedric und seine Freundinnen und Freunde machen ein Netz.
Es soll genauso werden, wie auf der Zeichnung.

a) Zeichne das Netz fertig.

CD 2-7

b) Beschreibe das Netz. Lies deine Beschreibung anderen Kindern vor.

2 Beschreibe dieses Gartentor.

Praktische Begriffe

Geometrische Begriffe:
gerade, rund, Bogen, waagrecht, senkrecht, parallel, rechter Winkel,
schräg, regelmäßig, unregelmäßig, oben, unten, davor, dahinter

Begriffe für Tore und Zäune:
Metall, Stangen, Spitzen, Holz, Bretter, Türgriff

3 Beschreibe andere Türen und Tore aus deiner Umwelt.

Bleib in Form!

4 Multipliziere.

2573 · 6   1917 · 8   7215 · 4   3706 · 9

Lösungen: 15 336   15 438   16 390   28 860   33 354   34 215

▶ Ü 95–98 Zeichnen mit dem Lineal, geometrische Begriffe verwenden
1) Dazu gibt es eine mathematische Abenteuergeschichte.
4) Wiederholung: schriftliche Multiplikation

17. Ornamente

1 Verwende für diese Aufgaben ein Geodreieck.

a) Zeichne ein Quadrat mit Seitenlänge 16 mm und
ein Rechteck mit Länge 32 mm und Breite 16 mm.
Die Länge des Rechtecks soll parallel zu einer Seite des Quadrats sein.
Male die Figuren gelb an.

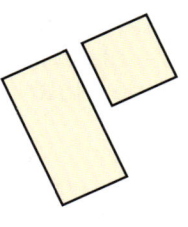

b) Berechne den Umfang und den Flächeninhalt des Quadrats und des Rechtecks.

c) Welche dieser Aussagen sind richtig? Kreuze sie an.

☐ Der Umfang des gelben Quadrats ist halb so groß
wie der Umfang des gelben Rechtecks.

☐ Der Flächeninhalt des gelben Rechtecks ist doppelt so groß
wie der Flächeninhalt des gelben Quadrats.

☐ Die Länge des gelben Rechtecks ist doppelt so lang wie seine Breite.

d) Zeichne noch ein Quadrat und ein Rechteck
wie bei Punkt a).
Zeichne sie aber mit doppelt so langen Seiten
und male sie grün an.

e) Berechne den Umfang und
den Flächeninhalt der beiden grünen Figuren.

f) Welche dieser Aussagen sind richtig? Kreuze sie an.

☐ Der Umfang des grünen Quadrats ist halb so groß
wie der Umfang des grünen Rechtecks.

☐ Der Flächeninhalt des grünen Rechtecks ist doppelt so groß
wie der Flächeninhalt des grünen Quadrats.

☐ Die Länge des grünen Rechtecks ist doppelt so lang wie seine Breite.

g) Ergänze diese Sätze so, dass sie stimmen.

Der Flächeninhalt des grünen Quadrats ist vier Mal so groß wie

der Flächeninhalt _____

Der Umfang des grünen Quadrats ist doppelt so groß wie

_____

Der Umfang des gelben Rechtecks ist halb so groß wie

_____

▶ Ü 95–98 Zeichnen geometrischer Figuren, Vergleich ihrer Eigenschaften

17. Ornamente

1 Alle Figuren sind symmetrisch, nur eine nicht.
Zeichne in jede symmetrische Figur die Spiegelachse ein.
Eine Figur hat sogar zwei Spiegelachsen. Trage beide Achsen ein.

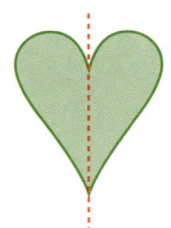

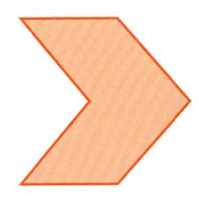

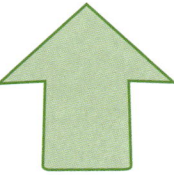

2 Alle Figuren haben mehr als eine Spiegelachse, nur eine nicht.
Zeichne alle Spiegelachsen ein, die du finden kannst.

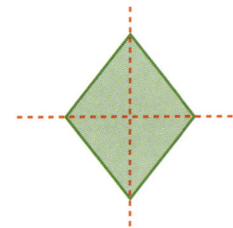

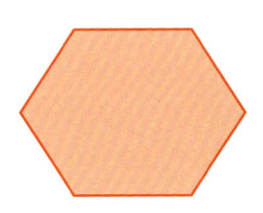

3 Zeichne die Spiegelbilder.

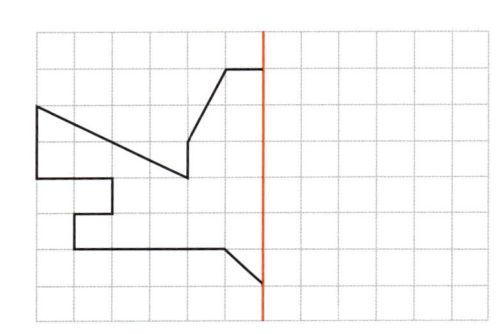

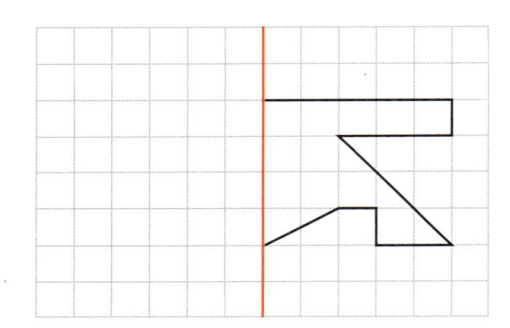

4 **AUFGABEN-WERKSTATT**

Denke dir symmetrische Muster aus und zeichne sie in dein Heft.

Bleib in Form!

5 Multipliziere.

1703 · 8   5294 · 3   8206 · 7   6524 · 6

Lösungen: 13 624   15 244   15 882   39 144   42 930   57 442

▶ Ü 95–98   Wiederholung: Symmetrie
5) Wiederholung: schriftliche Multiplikation

17. Ornamente

Ornament

Ein Ornament ist ein Muster, das sich meist wiederholt.
Man findet Ornamente auf Gebäuden, Stoffen, Toren, Zäunen,
auf Teppichen und anderen Gegenständen.

1 Setze die Ornamente fort. Verwende ein Lineal.

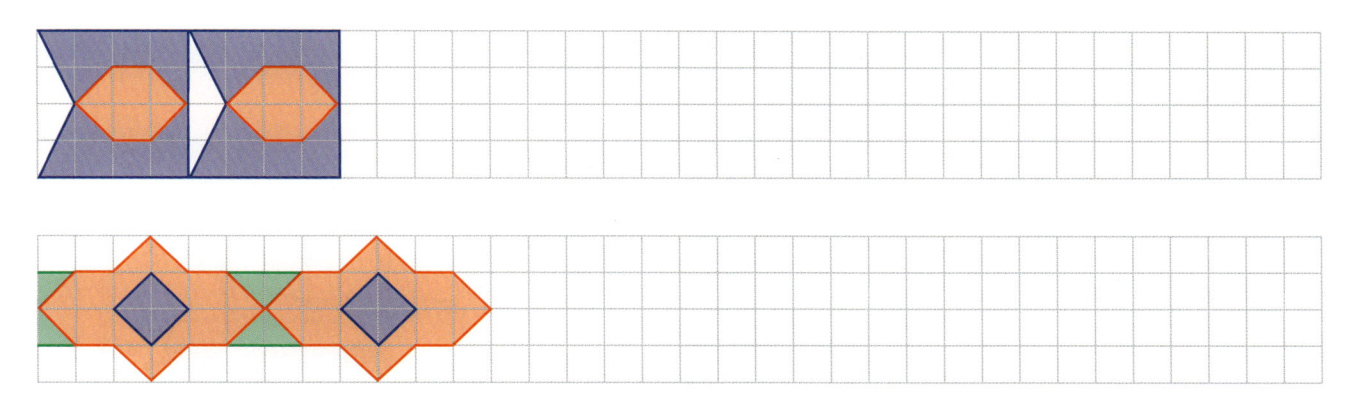

2 Entwirf selbst drei Ornamente.

3 **AUFGABEN-WERKSTATT**

Finde drei Ornamente in deiner Schule oder zu Hause.
Zeichne sie auf und beschreibe sie.

Ü 95–98 Geometrische Muster erkennen und fortsetzen, Eigenproduktion
3) Geometrie in unserer Umwelt

18. Mit der Skizze zur Lösung

1 Hilf Cedric, die Zutaten für die Medizin zu bestimmen.
Lies das Rezept. Das Balkenmodell hilft dir bei der Lösung.

CD 2-8

Rezept für ein Kilogramm Medizin

- Verwende dreimal so viel Fischtran wie Salamanderkompott.
- Nimm doppelt so viel Riesenkraut wie Fischtran.

Koche alles in einem Topf und gib am Ende noch Zwergenbergschokolade, vier Eicheln und zwei Löffel Baumrinde dazu.

Salamanderkompott
Fischtran
Riesenkraut
} 1 kg Medizin

a) Wie viel Dekagramm von jeder Zutat muss Cedric verwenden?

b) Besprich deine Lösung mit einem anderen Kind.

Bleib in Form!

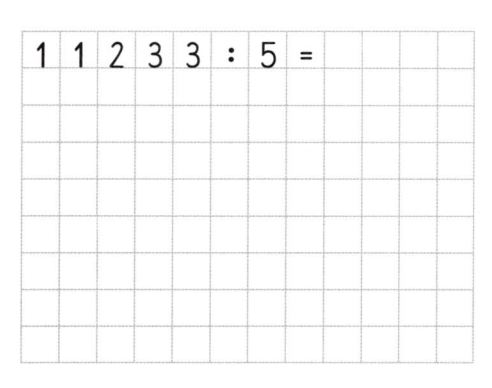

2 Dividiere.

1 1 2 3 3 : 5 =

2 9 5 1 2 : 6 =

Lösungen:
| 2 130 R2 | 2 246 R3 |
| 4 812 R0 | 4 918 R4 |

Ü 99–101
1) Dazu gibt es eine mathematische Abenteuergeschichte.
2) Wiederholung: schriftliche Division

18. Mit der Skizze zur Lösung

1 Lies die Texte, zeichne Balkenmodelle und löse die Aufgaben.

a) Das Auto von Herrn Tobler kostet 12 800 €.
Das Auto seiner Frau kostet drei Mal so viel.
Wie viel kosten die beiden Autos zusammen?

b) Ein Räuberhauptmann und seine drei Gesellen teilen ihre Beute.
Jeder Geselle bekommt 178 Silberstücke.
Der Hauptmann bekommt fünf Mal so viel wie ein Geselle.
Wie groß war der Schatz?

2 Welches Balkenmodell passt zu welcher Rechengeschichte?

a) Verbinde jede Geschichte mit dem passenden Modell.

b) Löse die Aufgaben.

Susi hat 8 Euro mehr als Peter.
Gemeinsam haben sie 66 €.
Wie viel Euro hat Susi?

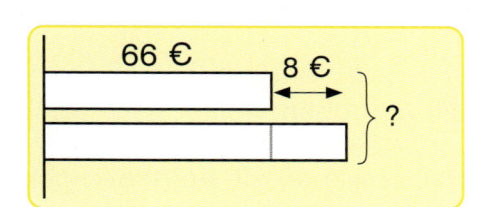

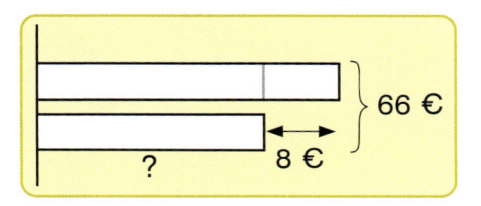

Robert hat 66 €.
Das sind um 8 € weniger als Ivan hat.
Wie viel Euro haben sie gemeinsam?

In einer Schachtel sind viermal so viele blaue wie rote Murmeln.
Wie viele rote Murmeln sind in der Schachtel, wenn es insgesamt 255 Murmeln sind?

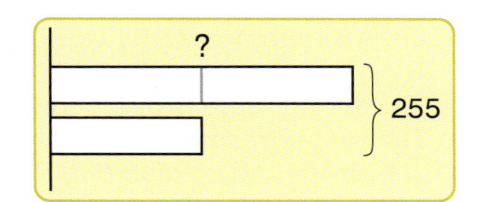

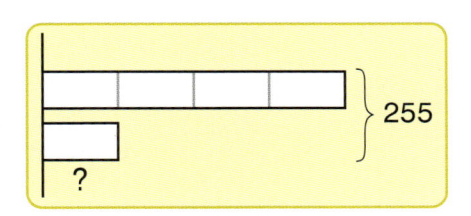

In einer Kinovorstellung sitzen 255 Menschen, darunter sind doppelt so viele Erwachsene wie Kinder.
Wie viele Erwachsene sitzen in der Vorstellung?

3 Lies die Texte, zeichne Balkenmodelle und löse die Aufgaben.

a) Luise und ihr Bruder sammeln Beeren. Luise hat um 5 kg Beeren weniger als ihr Bruder.
Wie viele Beeren hat er, wenn sie gemeinsam 31 kg Beeren haben?

b) Paul, Asmir und Özkan sammeln Zapfen im Wald.
Paul hat doppelt so viele Zapfen wie Asmir. Özkan hat um 3 Zapfen weniger als Paul.
Wie viele Zapfen haben sie alle gemeinsam, wenn Asmir 27 Zapfen gesammelt hat?

c) In einer Schule sind 116 Kinder. Davon sind um 32 mehr Mädchen als Buben.
Wie viele Buben und Mädchen gehen in diese Schule?

Ü 99–101 Sachaufgaben und Balkenmodelle

18. Mit der Skizze zur Lösung

1 Welches Balkenmodell passt zu welcher Rechengeschichte?

a) Verbinde die Geschichten mit den passenden Modellen.

Amica hat 2740 € im Lotto gewonnen.
Ein Viertel davon legt sie auf ein Sparbuch.
Um die Hälfte des verbleibenden Geldes
kauft sie ein Moped und der Rest ist für den Urlaub.
Wie viel kostet das Moped?

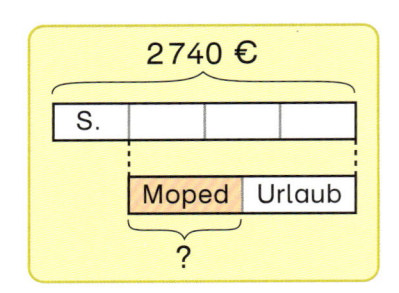

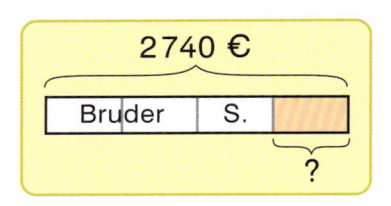

2740 €
| S. | | | |

Moped | Urlaub
?

2740 €
| Bruder | S. | |
?

Max hat 2740 € im Lotto gewonnen.
Die Hälfte des Geldes schenkt er seinem
Zwillingsbruder, ein Viertel gibt er im
Sportgeschäft aus.
Wie viel bleibt übrig?

b) Löse die Aufgaben.

c) Beschreibe, wie du die Aufgaben gelöst hast.

2 Lies die Texte, zeichne Balkenmodelle und löse die Aufgaben.

a) Ein Bauer hat 736 kg Äpfel geerntet. Ein Viertel davon lagert er im Keller.
Ein Achtel der Äpfel schenkt er seiner Schwester.
Vom Rest verkauft er die Hälfte, aus der anderen Hälfte macht er Saft.
Wie viele Kilogramm Äpfel verkauft er?

b) Drei Brüder und ihre große Schwester haben von der Oma Geld bekommen.
Die Schwester bekommt die Hälfte des Geldes, das sind 528 €.
Die drei Brüder teilen sich den Rest gerecht auf.
Wie viel bekommt jeder der Brüder?
Wie viel Geld hat Oma den Geschwistern geschenkt?

Bleib in Form!

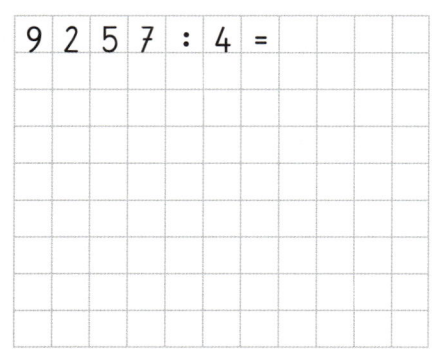

3 Dividiere.

9 2 5 7 : 4 =

6 5 6 0 2 : 9 =

Lösungen:
619 R2   2 112 R3
2314 R1   7 289 R1

Ü 99–101   Sachaufgaben und Balkenmodelle
3) Wiederholung: schriftliche Division

18. Mit der Skizze zur Lösung

1 **AUFGABEN-WERKSTATT**

Im Infokasten findest du Wissenswertes über verschiedene Nagetiere.

a) Schreibe eine Rechengeschichte und löse sie.
b) Stelle deine Überlegungen dar.
c) Besprich deine Lösung mit einem anderen Kind.

Dieses **Eichhörnchen** ist 32 dag schwer und 24 cm lang.
Der Schwanz misst noch einmal 18 cm.
Vor zehn Tagen hat es drei Junge bekommen. Sie sind noch blind.
Eichhörnchen öffnen erst nach vier Wochen die Augen.

Dieses **Murmeltier** ist 45 cm lang, dazu kommt noch sein 18 cm langer Schwanz.
Es wiegt 3 kg und 27 dag.
Es lebt in einem Familienverband mit 17 anderen Murmeltieren.
Im Familienverband leben doppelt so viele Weibchen wie Männchen.
Bei Gefahr pfeift das Murmeltier als Warnung.

Dieser **Chipmunk** lebt in Kanada.
Er gehört zu den Streifenhörnchen.
Mit einer Körperlänge von 13 cm 7 mm und einer Schwanzlänge von 9 cm ist er deutlich kleiner als ein Eichhörnchen.
Er wiegt nur 8 dag.

---

2 Philipp hat sich auch eine Aufgabe ausgedacht und sie gelöst.

> Ein Murmeltier sitzt auf der einen Seite einer Schaukel.
> Wie viele Chipmunks müssen sich auf die andere Seite setzen,
> damit sie das Murmeltier aufheben können? 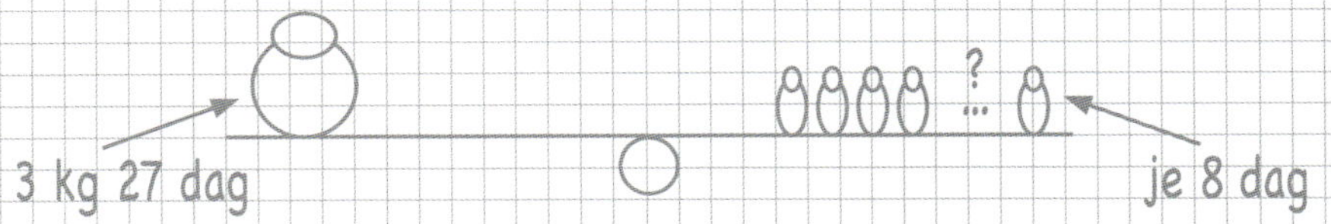
>
> 3 kg 27 dag   je 8 dag
>
> 10 Chipmunks: 8 dag · 10 = 80 dag
> 20 Chipmunks: 80 dag · 2 = 160 dag = 1 kg 60 dag
> 40 Chipmunks: 160 dag · 2 = 320 dag = 3 kg 20 dag
> 41 Chipmunks: 320 dag + 8 dag = 328 dag = 3 kg 28 dag
>
> 41 Chipmunks müssen sich auf die andere Seite setzen.

a) Löse Philipps Aufgabe mit einem anderen Lösungsweg.
b) Vergleiche deinen und Philipps Lösungsweg.

▶ Ü 99–101 Eigene Aufgaben zu einer Sachsituation finden, Lösungswege erarbeiten und die Aufgaben lösen

19. Knobeln auf der Zielgeraden

1 Damit die Medizin hilft, muss Cedric auch die geheime Botschaft am Rand des Rezeptes entschlüsseln. Hilf ihm.

CD 2-9

Rezept für ein Kilogramm Medizin

- Verwende dreimal so viel Fischtran wie Salamanderkompott.
- Nimm doppelt so viel Riesenkraut wie Fischtran.

Koche alles in einem Topf und gib am Ende noch Zwergenbergschokolade, vier Eicheln und zwei Löffel Baumrinde dazu.

5	2	E
7	4	
10	9	
12	10	
14	5	
16	2	
26	3	
30	3	
32	7	

Ich denke, ich habe das Rätsel gelöst. Die Zahlen verweisen auf Buchstaben im Rezept.

2 Numbrix

Schreibe die fehlenden Zahlen in die richtigen Felder:
▶ Es müssen die Zahlen von 1 bis 16 vorkommen.
▶ Es muss ein Weg entstehen, sodass man von der Zahl 1 bis zur Zahl 16 gehen kann.
▶ Schritte sind nur nach links, rechts, oben oder unten erlaubt.

Beispiel:

1	6		8
			9
3	4	11	
	15		

Lösung:

1	6	7	8
2	5	10	9
3	4	11	12
16	15	14	13

a)
	2		
4	1		
		15	10
	7		

b)
16	12		
			10
6			1
		3	

c)
2			7
3	4		
		16	9
	12		

3 Dividiere.

824 : 35 =

270 : 86 =

903 : 12 =

Bleib in Form!

Lösungen:
3 R12 | 23 R19
25 R5 | 75 R3
77 R1

▶ Ü 102–105
1) Dazu gibt es eine mathematische Abenteuergeschichte.
2) Denkspiele mit Numbrix: Zahlenfolgen und Kopfgeometrie
3) Wiederholung: schriftliche Division mit zweistelligem Divisor

19. Knobeln auf der Zielgeraden

1 Bei diesen Numbrix-Rätseln werden nicht die Zahlen von 1 bis 16, sondern andere Zahlen in die Felder geschrieben.

a) Zahlen von 18 bis 33.

	23		
		19	
	27	18	33
29			

b) Zahlen von 75 bis 90.

	82		
84		90	79
		77	78
			75

c) Zahlen von 92 bis 107.

94			101
		96	
92		98	
107			

2 Löse diese Numbrix-Rätsel. Vergleiche mit anderen Kindern.

a) Zahlen von 1 bis 25.

7			1
		3	2
	25		17
10	20		
		13	

c) Nur gerade Zahlen, beginnend bei 0.

0	2	4	
	12		32
		8	40
		28	
20	22	48	

b) Nur ungerade Zahlen, beginnend bei 7.

			55
41	47		15
		7	
33	35	9	11
			23

d) Immer 5 mehr, beginnend bei 0.

	50		
	30		100
0			70
5			75
10	15	120	

3 **AUFGABEN-WERKSTATT**

Erfinde selbst ein Numbrix-Rätsel von 1 bis 16 und gib es einem anderen Kind zum Lösen.

Ü 102–105 Denkspiele mit Numbrix: Zahlenfolgen und Kopfgeometrie

19. Knobeln auf der Zielgeraden

1 Spiel: „Zahlen würfeln"

Spielpläne:

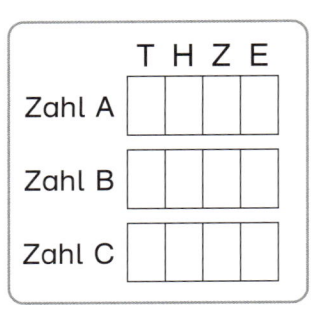

Spielmaterial: 3 Würfel, Bleistift, Spielplan

2 bis 4 Spielerinnen und Spieler spielen reihum.
Das Kind, das als nächstes Geburtstag hat, beginnt.
Jedes Kind darf pro Spiel nur einen Spielplan
verwenden.

	T	H	Z	E
Zahl A				
Zahl B				
Zahl C				

Würfeln
Entscheide, ob du mit einem,
mit zwei oder mit drei Würfeln spielen möchtest.
Addiere alle Würfelaugen.

Höchstens 9
Ist die Zahl, die du erhältst, größer als 9,
kannst du sie nicht verwenden.
Du musst dann die Zahl Null eintragen.

	T	H	Z	E
Zahl A				
Zahl B				
Zahl C				

Zahl aufschreiben
Schreibe deine Zahl in eines der Felder auf deinem Spielplan.
Ziel ist es, möglichst große Zahlen zu bilden.

Das nächste Kind ist an der Reihe.

Spielende und Auswertung
Sobald in allen Feldern Zahlen stehen, endet das Spiel.
Wer jeweils die größte Zahl bei A, B oder C hat,
bekommt einen Punkt.
Wer die meisten Punkte hat, gewinnt.

	T	H	Z	E
Zahl A				
Zahl B				
Zahl C				

2 Welche Taktik hast du verwendet?

a) Wann hast du drei Würfel verwendet, wann zwei und wann nur einen?

b) Stell dir vor, ein Freund von dir lebt in Deutschland und möchte das Spiel spielen.
Schreibe ein paar Ratschläge für ihn auf.

Bleib in form!

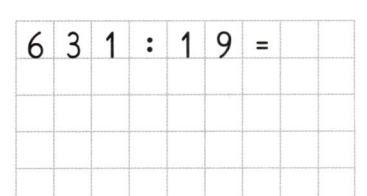

3 Dividiere.

631 : 19 =

874 : 72 =

756 : 34 =

Lösungen:
12 R10   14 R5
22 R8   23 R2
33 R4

▶ Ü 102–105 Spielerische Auseinandersetzung mit Stellenwerten im ZR 10 000
Die Kinder können selbst weitere Spielpläne anfertigen.
3) Wiederholung: schriftliche Division mit zweistelligem Divisor

20. Zeig, was du kannst!

Flächeninhalt

1 Ein rechteckiges Grundstück ist 47 m lang und 32 m breit.
Berechne den Umfang und den Flächeninhalt.

CD 2-10

2 Berechne für jedes einzelne Zimmer den Flächeninhalt.

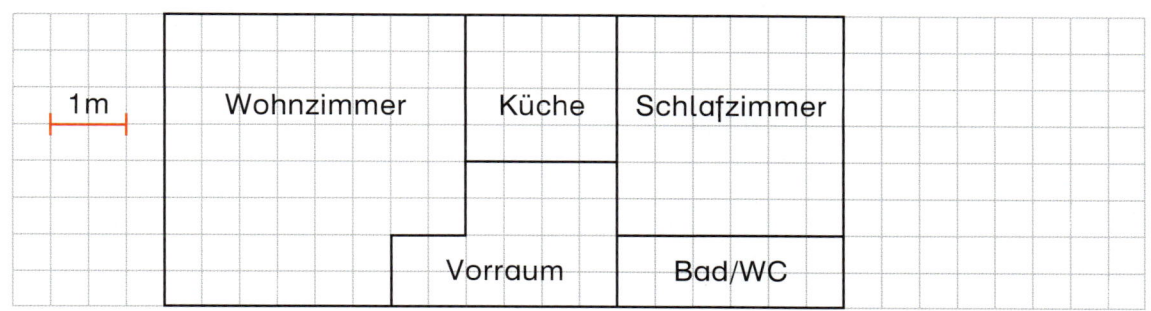

1 m

Wohnzimmer | Küche | Schlafzimmer
Vorraum | Bad/WC

3 Luise hat die Fläche der blauen Figur berechnet.

Stimmt ihre Rechnung?

a) Erkläre, wie Luise gerechnet hat.

b) Löse die Aufgabe selbst.

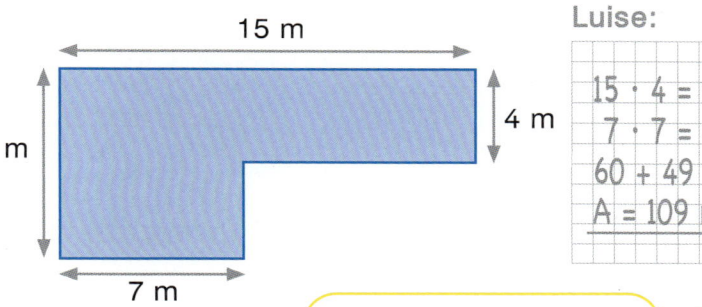

15 m
7 m
4 m
7 m

Luise:
15 · 4 = 60
7 · 7 = 49
60 + 49 = 109
A = 109 m²

Hole dir deinen Stern! 16

4

a) Ein quadratischer Acker hat einen Umfang von 252 m.
Wie groß ist sein Flächeninhalt?

b) Ein Bauer hat ein Feld mit 1 ha Flächeninhalt.
Die Hälfte der Fläche ist mit Mais bepflanzt.
Auf einem Viertel wird Getreide angebaut.
Ein Achtel bepflanzt der Bauer mit Raps.
Auf dem Rest des Feldes sät er Mohn.
Rechne aus, wie groß jeweils die Anbauflächen
für Mais, Getreide, Raps und Mohn sind.

c) Berechne den Umfang und den Flächeninhalt der grünen Figur.

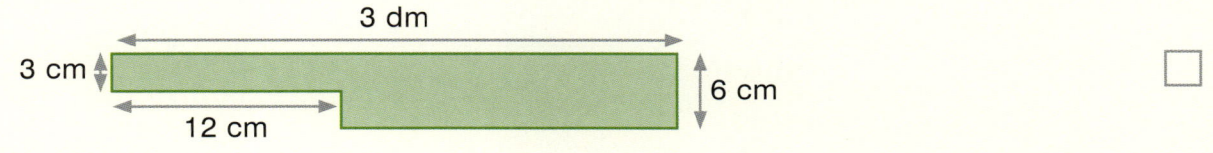

3 dm
3 cm
12 cm
6 cm

→ Die Lösungen der Aufgaben und die Auswertung findest du im Lösungsheft.

Ü 106–111 1) Dazu gibt es eine mathematische Abenteuergeschichte.
Wiederholung: zusammengesetzte Flächen
4) Selbsttest: Die Kinder überprüfen ihre Ergebnisse anhand der Lösungen im Lösungsheft

20. Zeig, was du kannst!

Geometrie

1 Zeichne die Symmetrieachsen ein. Verwende dein Geodreieck.

a)   b) 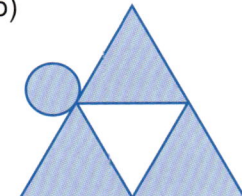   c)

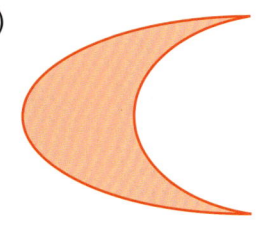

2 Ordne jedem Text das passende Bild zu.

Ein Dreieck steht auf einem Rechteck. Das Dreieck ist links.

Ein Dreieck steht auf einem Rechteck. Das Dreieck ist rechts.

Ein Dreieck ist in einem Quadrat.

Ein Dreieck ist in einem Rechteck.

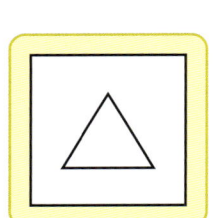

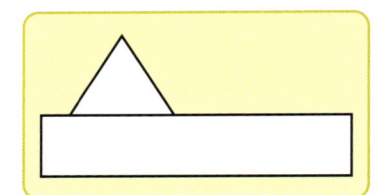

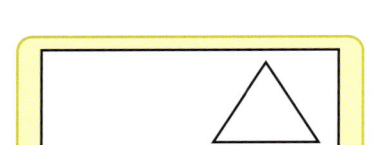

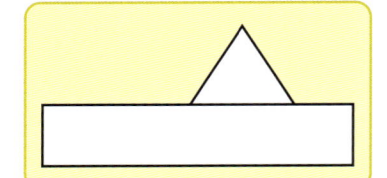

Hole dir deinen Stern! 17

3 Rüdiger hat Symmetrieachsen eingezeichnet.
Kreuze an, welche Achsen richtig und welche falsch sind.

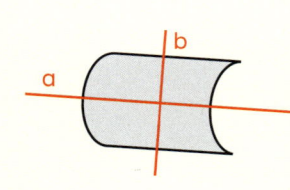

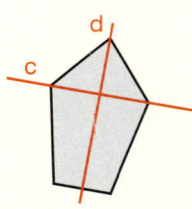

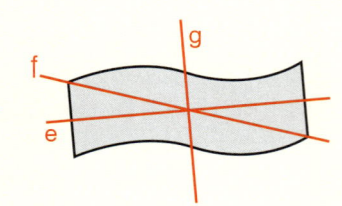

Symmetrieachse	a	b	c	d	e	f	g
richtig							
falsch							

→ Die Lösungen der Aufgaben und die Auswertung findest du im Lösungsheft.

▶ Ü 106–111 Wiederholung: Zeichnen mit dem Lineal

20. Zeig, was du kannst!

Balkenmodelle

1 Lies die Rechengeschichten und beschrifte die Balkenmodelle.
Löse die Aufgaben in deinem Heft.

a) Hanna kauft drei T-Shirts um je 19 € und eine Hose.
Wie viel kostet die Hose, wenn sie insgesamt 95 € bezahlt?

b) Ein Bergsteiger hat drei rote und zwei blaue Seile dabei.
Jedes rote Seil ist 14 m lang, jedes blaue Seil ist so lang wie $2\frac{1}{2}$ rote Seile.
Wie lang sind alle Seile zusammen?

c) Ein Lieferwagen transportiert einen Kasten und einen Flügel.
Insgesamt wiegen die beiden Gegenstände 843 kg.
Wie schwer ist der Flügel, wenn er um 309 kg schwerer als der Kasten ist?

Hole dir deinen Stern! 18

2 Tanja hat 34 Murmeln. Ihre Freundin Alexia hat dreimal so viele Murmeln.
Ihr Bruder Konrad hat um 10 Murmeln weniger als Alexia.
Wie viele Murmeln haben alle drei Kinder gemeinsam?

Zeichne ein Balkenmodell und löse die Aufgaben in deinem Heft.

→ Die Lösungen der Aufgaben und die Auswertung findest du im Lösungsheft.

▸ Ü 106–111 Wiederholung: Balkenmodelle

20. Zeig, was du kannst!

Denkspiele

1 Spiel: „33 oder mehr"

> **Spielmaterial:** 2 Würfel
>
> Das Spiel für 2 bis 4 Spielerinnen und Spieler wird reihum gespielt.
> Das Kind, welches zuletzt Geburtstag hatte, beginnt.

Wenn du an der Reihe bist:
Wirf beide Würfel und addiere die Zahlen.
Zum Beispiel 3 + 4 = 7.
Wirf wieder beide Würfel und zähle die neuen
Punkte zu deinem Punktestand dazu.
Zum Beispiel 2 + 2 = 4,
insgesamt hast du jetzt 7 + 4 = 11 Punkte.

Achtung:
Wenn einer der beiden Würfel eine 1 zeigt,
ist dein Punktestand 0 und das nächste
Kind kommt an die Reihe.

Wer zuerst 33 Punkte erreicht, gewinnt!

2 Löse diese Numbrix-Rätsel.
Eine Anleitung für Numbrix-Rätsel
findest du auf Seite 112.

a) Zahlen von 1 bis 16.

1			
2	13		
		7	10
	5		

b) Nur gerade Zahlen, beginnend bei 10.

	20		
	26		12
58			10
		34	
	42		

Hole dir deinen Stern! 19

3 Löse diese Numbrix-Rätsel.
Eine Anleitung für Numbrix-Rätsel findest du auf Seite 112.

a) Zahlen von 58 bis 73.

68			73
	64	58	
	61	60	

b) Nur ungerade Zahlen, beginnend bei 7.

	9	7	43	
		49		
15		55	37	
				33
	21	27		

→ Die Lösungen der Aufgaben und die Auswertung findest du im Lösungsheft.

▶ Ü 106–111 Wiederholung: Denkspiele mit Numbrix: Zahlenfolgen und Kopfgeometrie

118

20. Zeig, was du kannst!

Sachaufgaben

1 Löse die Aufgaben im Kopf und schreibe kurze Antworten.

a) Fred Forscher war 100 Tage im Regenwald.
Wie viele Wochen und Tage waren das?
_____

b) Das Sportbecken im Stadtbad ist 25 Meter lang und 10 Meter breit.
Wie groß ist die Wasseroberfläche?
_____

c) Auf dem Kreuzfahrtschiff „Oasis of the Sea" ist Platz für 6 296 Passagiere.
Wie viele Plätze sind noch frei, wenn 5 700 Plätze belegt sind?
_____

d) Eine halbe Stunde Motorbootfahren kostet 19,90 €.
Familie Berger mietet das Boot für 2 Stunden.
Wie viel bezahlt Familie Berger?
_____

Hole dir deinen Stern! ⭐ 20

2 Löse die Aufgaben im Kopf und schreibe kurze Antworten.

a) Leoni kauft einen Rieseneisbecher um 3,90 €.
Sie bezahlt mit einem 50-€-Schein.
Wie viel Wechselgeld bekommt sie? ☐
_____

b) Im Zoo wird das Nilpferdpärchen gewogen.
Das Männchen wiegt 4 Tonnen 200 kg.
Es ist um 860 kg schwerer als das Weibchen.
Wie schwer ist das Weibchen? ☐
_____

c) Andrea und Tanja schwimmen um die Wette.
Andrea ist nach 57 Sekunden im Ziel, Tanja erst nach einer Minute 3 Sekunden.
Um wie viele Sekunden war Andrea schneller? ☐
_____

→ Die Lösungen der Aufgaben und die Auswertung findest du im Lösungsheft.

Ü 106–111 Wiederholung: Sachaufgaben zum Kopfrechnen
Sicherung der Basiskompetenzen

Knobelaufgabe

★ Überlege, wie du die Knobelaufgabe lösen kannst.
Vielleicht hilft es dir, Legematerial zu verwenden oder Skizzen zu zeichnen.
Sprich mit anderen Kindern darüber.

1 Cedrics Andenken
Cedric hat das ganze Jahr über kleine Dinge als Andenken gesammelt.
Er möchte sie ordnen.
Lies die Geschichte und beantworte die Frage.

"Wie viele Andenken hast du denn?"

"Zuerst wollte ich die Andenken in Zweiergruppen ordnen. Aber da blieb eines übrig. Als ich es mit Dreiergruppen versuchte, blieb wieder ein Stück übrig. Stell dir vor, auch bei Vierergruppen bleibt eines übrig."

a) Was wird Cedric antworten?

b) Beschreibe, wie du zur Lösung gekommen bist.

c) Vergleiche deinen Lösungsweg mit den Ideen anderer Kinder.

Arbeitsform: ICH – DU – WIR
Die Kinder befassen sich erst einzeln mit der Aufgabe, bevor sie in Partnerarbeit oder Kleingruppen ihre Ideen fertig entwickeln. Am Ende werden die Ergebnisse, Beobachtungen und Lösungswege in der Klasse ausgetauscht („Strategiekonferenz").